다림인성학교 ❸

존중,
누구에게나
당연한 걸까?

다림인성학교 ❸
존중, 누구에게나 당연한 걸까?

초판 1쇄 발행 2021년 1월 25일
초판 2쇄 발행 2025년 4월 1일

글쓴이 김민화
그린이 지현이

편집장 천미진 | 편집 최지우, 김현희 | 디자인 최윤정 | 마케팅 한소정 | 경영 지원 한지연

펴낸이 한혁수 | 펴낸곳 도서출판 다림 | 등록 1997. 8. 1. 제1-2209호
주소 07228 서울시 영등포구 영신로 220 KnK 디지털타워 1102호
전화 02-538-2913 | 팩스 070-4275-1693 | 전자 우편 darimbooks@hanmail.net
블로그 blog.naver.com/darimbooks | 다림 카페 cafe.naver.com/darimbooks

ISBN 978-89-6177-248-8 (74190)
ISBN 978-89-6177-211-2 (세트)

ⓒ 김민화 2021

이 도서의 국립중앙도서관 출판예정도서목록(CIP)은 서지정보유통지원시스템 홈페이지(http://seoji.nl.go.kr)와
국가자료종합목록시스템(http://www.nl.go.kr/kolisnet)에서 이용하실 수 있습니다. (CIP제어번호 : CIP2020053022)

이 책 내용의 일부 또는 전부를 사용하려면 반드시 저작권자와 도서출판 다림의 서면 동의를 받아야 합니다.
책값은 뒤표지에 있습니다.
본문 용어 설명은 국립국어원 표준국어대사전을 참고하였습니다.

제품명: 존중, 누구에게나 당연한 걸까?	제조자명: 도서출판 다림	제조국명: 대한민국
전화번호: 02-538-2913	주소: 서울시 영등포구 영신로 220 KnK 디지털타워 1102호	
제조년월: 2025년 4월 1일	사용연령: 10세 이상	
※KC마크는 이 제품이 공통안전기준에 적합하였음을 의미합니다.		

⚠ 주 의
아이들이 모서리에 다치지
않게 주의하세요.

다림인성학교 ❸

존중,
누구에게나 당연한 걸까?

다림

모두가 다르기에

더욱 아름다운 세상임을 기억하며

● 작가의 말 ●

여러분이 세상을 바꿀 수 있어요!

'존중'에 대해서 이야기를 하자면 '다름'을 먼저 이야기해야 해요. 우리 사회에서 존중받지 못하는 이들은 다르다는 이유만으로 차별을 받기 때문이에요.

우리에게는 다름을 구분하는 잣대가 너무 많아요. 모든 비교의 잣대는 사람과 사람이 아닌 것을 구분하는 데에서 시작해요. 마치 사람이 아닌 모든 것들은 그저 사람을 위해서만 존재한다고 생각하는 것이지요. 그래서 사람은 자신의 편리를 위해 자연환경을 파괴하고, 동식물을 함부로 대해 왔어요. 심지어 사람들까지도 잣대를 가지고 구분했어요. 인종, 성별, 나이, 국가와 출신 지역, 경제력 등으로 가장 사람다운 사람의 기준을 세운 거죠. 예를 들어, 서구 사회에서는 젊고 잘생긴 백인 남성 중 부유한 지역의 좋은 가문에서 태어나 학식과 경제력을 갖춘 사람을 가장 사람다운 사람으로 보았어요. 그리고 이 기준에서 멀어질수록 낮게 평가되어 차별을 받았지요.

그러나 이러한 잣대들은 사람이 만들어 놓은 것에 불과해요. 구분되어야 할 이유가 전혀 없는 것들임에도 그저 자신의 이익을 위해 구분한 것일 뿐이에요. 그래서 무엇을 중요하게 생각하느냐에 따라 다름을 구분하는 잣대는 얼마든지 달라질 수 있답니다.

　다름을 차별하고 혐오한 결과는 다시 고스란히 사람에게 되돌아오고 있어요. 차별의 대상뿐만이 아니라 차별을 하는 사람에게도 큰 상처를 남기는 것이지요. 환경 오염과 기후 변화, 사람과 동식물에게 퍼지는 전염병, 각종 사회 불평등으로 인한 갈등, 그리고 전쟁에 이르기까지. 이러한 문제들은 해결되지 못한 채 앞으로도 계속될 수 있어요.

　제가 '존중'에 대한 이야기를 하는 이유는 바로 여기에 있어요. 우리가 안고 있는 문제의 해결이 서로에 대한 존중에서 시작된다고 생각하기 때문이에요. 존중은 서로의 상처를 어루만져 줄 수 있어요. 그렇기 때문에 우리가 기본적으로 갖추어야 할 마음가짐이지요. 더 나아가, 높고 낮은 각자의 지위에서 내려와 나의 자리를 기꺼이 내어 주는 '환대'는 존중하는 마음을 실천으로 옮길 수 있는 중요한 태도랍니다.

　저는 여러분이 세상을 혼란스럽게 하는 문제들을 해결할 수 있는 열쇠라고 생각해요. 여러분은 그 누구보다도 존중을 바르게 실천할 수 있는 사람이니까요. 맞아요, 바로 여러분만이 이 세상을 더 이상 차별과 미움으로 병들지 않도록 만들 수 있어요.

　세상을 바꾸기 위해 여러분이 해 나갈 존중의 실천에 이 책이 늘 함께하기를 바라요. 이 책은 언제나 여러분을 귀한 손님으로 환대할 테니까요.

김민화

● 차례 ●

작가의 말   6

1. 세상을 바꾸는 존중

지금 우리에게 필요한 것은?	14
존중이란 무엇일까?	19
우리 마음에 잣대가 있다고?	24
가치를 차별한 끔찍한 결과	28
차별 대신 존중	33

2. 모든 사람을 존중해!

어린이 존중	40
노인 존중	48
장애인 존중	54
여성과 성 소수자 존중	58
누구에게나 마땅한 존중	62

3. 모든 생명을 존중해!

사람만이 특별할까?	66
존중받아야 할 먹거리	69
존중받아야 할 동물	78
환경 보호가 아닌 환경 존중	90

4. 탄생과 죽음을 존중해!

존중받아야 할 탄생	98
과학 기술은 만병통치약?	104
존엄한 죽음	110

5. 모든 삶을 존중해!

사람과 사람 사이의 경계 존중   118

개인 생활 존중   122

일에 대한 존중   128

나와 다른 의견 존중   132

6. 다름을 환대하는 멋진 세상

존중의 실천, 환대   140

다름을 포함하는 더 큰 우리   146

1. 세상을 바꾸는 존중

지금 우리에게 필요한 것은? · 존중이란 무엇일까? · 우리 마음에 잣대가 있다고? · 가치를 차별한 끔찍한 결과 · 차별 대신 존중

지금 우리에게 **필요**한 것은?

아침에 일어나면 당연히 학교 갈 준비를 하지? 누가 쫓아오기라도 하듯이 서둘러 집을 나설 때, 늘 듣는 말은 "공부 열심히 해!"일 거야. 학교에서도 공부하고, 학원에서도 공부하고, 집에 돌아와서도 또 공부하는데, 부모님의 잔소리는 점점 더 심해지지. 어른들은 공부를 잘해야만 좋은 대학에 가고, 좋은 직장을 얻어 잘 살 수 있다고 말해.

어른들이 이렇게 공부를 강조하는 이유는 누구나 열심히 노력하면 동등한 기회가 주어진다고 생각하기 때문이야. 그런데 정말 그럴까?

사실 모두가 똑같은 출발선상에 있는 것은 아니야. 또 저마다 다른 속도로, 다른 목적지를 향해 가고 있지. 배우는 것을 재미있어 하는 사람이 있는 반면 그렇지 않은 사람도 있으며, 깨우치는 속도와 양에서도 사람마다 차이가 있기 마련이야.

그런데 문제는 아직도 많은 사람이 능력이 있고 없고에 따라서 이런 차이가 생긴다고 믿고, 능력을 발휘하지 못하는 것

은 게으르기 때문이라고 생각한다는 거야. 좋은 대학을 나와서 사회에서 인정받는 직업을 가지는 것이 현대 사회에서 성공한 삶의 기준이 되는 거지. 이 기준으로 잣대를 만들어 모든 사람들의 삶을 평가하고 비교하는 거야. 행복을 성적으로 판단하는 슬픈 논리는 바로 이런 결정론˙에서 나온 거지. 우리가 잘 살고 있는지를 고작 성적으로만 평가하고 결정한다면 우리가 하는 다른 일들이 무슨 소용 있겠어?

우리의 가능성을 함부로 결정짓는 것은 성적뿐만이 아니야. 인종, 성별, 출신 지역, 신분, 경제력 등에 따라 부자가 되거나 사회적으로 누릴 수 있는 것이 제한될 수 있어. 자신이 가지고 있는 아주 사소한 어떤 조건 때문에 누구는 어려움 없이 하고 싶은 일을 하고, 누구는 그럴 기회조차 주어지지 않는 불공평한 일들이 버젓이 일어나고 있지.

예를 들어 서구 사회의 역사를 보면, 인종이 다르다는 이유로 학교는 물론 식당이나 화장실조차도 마음대로 이용할 수 없었던 시절이 있었어. 유색 인종은 백인과 동등한 대우를 받지 못했지. 교육을 받을 수 있는 능력과 권리, 심지어 위생과

˙ **결정론** 이 세상의 모든 일이 우연이나 선택의 자유에 의해 일어나는 것이 아니라 일정한 원인과 결과의 법칙에 따라 일어난다는 이론

청결 상태를 평가하는 기준이 피부색이었던 거야.

또, 우리의 지적 능력을 평가하고 영재 교육을 받을 수 있는 자격이 되는지 알아보는 하나의 중요한 척도인 아이큐(IQ) 검사도 논란이 많아. 이 검사는 서구 백인 중산층을 기준으로 만들어졌다고 해. 그래서 다른 문화권이나 계층에 속하는 사람들은 불리한 평가를 받을 수밖에 없다는 거야. 언어와 문화적 차이가 곧 능력의 차이로 간주되는 거지.

최근 한국에서는 '금수저', '흙수저'라는 말이 유행하기도 했어. 이 말은 타고난 집안의 배경이 그 사람에게 주어지는 기회에 막대한 영향을 미치고 있음을 빗댄 거야. 금수저는 좋은 집안에서 태어나 어느 정도의 성공이 보장되어 있는 사람이고, 흙수저는 어려운 집안에서 태어나 아무리 열심히 노력해도 성공의 기회조차 가질 수 없는 사람을 일컫는 거지. 금수저와 흙수저는 우리 사회가 좋은 배경이나 조건에 대한 편향된 기준을 가지고 있다는 것을 보여 주고 있어.

이런 이야기를 듣는 것만으로도 숨이 턱 막히지 않니? 하지만 이런 조건에 따라 생기는 기회의 불평등은 얼마든지 해소될 수 있단다. 우리가 내세우는 잣대를 고정시키지 않으면 되는 거야. 어느 한 가지 조건을 가지고 우월과 열등으로 구분하기보다는 수많은 조건이 공존하고 있음을 인정하는 거지. 나아가 서로가 가지고 있는 다양한 조건들을 있는 그대로 존중하는 거야.

   존중은 엄청난 힘을 가지고 있어. 세상을 바꿀 수 있을 만큼 말이야. 그 힘을 발휘할 수 있는 건 우리 손에 달렸단다. 자, 그럼 지금부터 우리가 실천할 수 있는 수많은 존중에 대해 알아보자.

존중이란 무엇일까?

 존중은 한자로 높을 존(尊) 자와 무거울 중(重) 자를 써서 어떤 이의 가치를 높게 여겨 귀중하게 대한다는 뜻을 가지고 있어. '존경'하고는 좀 다르지. 존경은 높을 존(尊)과 공경할 경(敬)의 한자를 써서, 특정한 대상에 예의를 갖추어 대하는 것을 강조하는 말이야.
 그러니까 존중은 물리적인 대상 그 자체를 떠받든다는 의미에 한정되는 것이 아니라 그 대상의 가치를 인정하고 높이 산다는 더 넓은 뜻을 가지고 있어. 쉽게 말해 우리는 어떤 사람뿐만 아니라 그 사람의 태도, 바람, 권리, 생활 양식, 옷차림까지도 존중할 수 있다는 거야. 더 나아가 사람이든 동물이든, 이 세상 모든 생명은 마땅히 존중받아야 할 가치가 있다고 말할 수 있지.
 하지만 말처럼 모두가 '마땅한' 가치를 인정받고 있지는 않아. 만약 그랬다면 우리가 존중을 이렇게 강조할 이유도 없겠지. 지금 이 순간에도 누군가는 자신의 가치를 존중받지 못하고 있고, 그로 인해 수많은 문제들이 발생하고 있단다.

왜 서로를 존중하는 것이 중요한 걸까? 쉽게 말하자면, 더불어 살기 위해서야. 이 세상에는 수많은 생명들이 있어. 그들은 혼자만의 삶을 독립적으로 사는 것이 아니라 각기 다른 서로서로가 얽히고설켜 하나의 전체로 살고 있거든. 누가 높고 낮고, 가치가 있고 없고를 따질 수 없이 저마다 자기의 역할을 하고 있어. 그중 어느 하나라도 제 역할을 하지 못한다면 균형이 깨져 버리고 그로 인한 영향이 모두에게 고스란히 되돌아오게 돼. 그래서 모두를 가치 있게 생각하고 존중하는 것이 필요한 거란다.

이 땅에 이렇게 다양하고 많은 생명체들이 함께 살 수 있는 것도 생명의 가치를 존중하는 태도를 잃지 않았기 때문이야. 흔히 동물들이 약육강식의 법칙과 먹이사슬의 관계 안에서만 서로를 대한다고 생각하지만, 동물들이 그저 먹고 먹히는 관계만을 이루는 것은 아니야. 어려운 상황에 처하게 되었을 때 서로 도움을 주고받기도 해.

끼리끼리 살던 동물들이 어려움에 처한 다른 종을 기꺼이 자신의 무리로 받아들인 사례는 어렵지 않게 찾아볼 수 있단다. 숲에 버려진 사람의 아기를 돌봐 준 늑대도 있었고, 어미에

게 버림받은 새끼 호랑이에게 젖을 물린 개도 있었지. 이 늑대와 개는 다른 종의 새끼이니까 충분히 잡아먹거나 그냥 지나칠 수도 있었어. 하지만 거두어 돌보는 것을 선택한 거지.

생명을 지키고 존중하는 행동은 어떤 객관적 판단이나 의도에 따른 것이 아니야. 그 상황에서 자연스럽게 우러나오는 또 다른 본능과도 같은 거지. 맞아, 그래서 존중은 이득을 얻기 위해 계산하고 꾸며 낸 행동과는 달라. 지금 당장의 만족이나 눈앞의 이득을 포기하더라도 더불어 살기 위한 선택을 하는 것이지. 즉, 존중은 서로의 마땅한 가치를 인정하고 귀하게 여기는 꾸밈없는 마음가짐이라고 할 수 있단다.

TIP

▶ 늑대 소년 빅터

　소설 《정글북》은 어렸을 때 가족을 잃고 늑대에게 길러진 소년 모글리의 이야기를 담고 있어. 그런데 모글리와 같은 '늑대 소년'이 실제로 존재했다면, 믿을 수 있겠니?

　1799년 프랑스의 한 숲속에서 어린 소년을 발견했는데, 이 소년이 늑대처럼 네발로 기어 다니고 날것을 먹었다고 해. 학자들은 이 소년을 '늑대 소년 빅터'라 부르며 사람들 사이에서 살 수 있도록 훈련시키려고 했어. 당시에 사람들은 야생에서 자란 소년이 다시 사람들 사이에서 살 수 있도록 사회화*시키는 게 과연 가능한지에만 관심을 두었지.

　하지만 초점을 달리 두어 이 소년이 어떻게 야생에서 살아남을 수 있었는지를 생각해 보자. 그리고 그것을 인간 아기의 생존이 아닌, 다른 종의 새끼를 돌본 야생 동물의 측은지심으로 해석해 보는 거야. 우리가 늑대의 마음을 읽을 수는 없지만, 소년을 거둔 어미 늑대는 작은 생명의 가치를 귀하게 여기지 않았을까?

● **사회화** 사회의 한 구성원으로 생활하도록 현재 사회에 동화하는 것

우리 마음에 **잣대**가 있다고?

　사람의 욕망은 생각과 관련이 있어. 특히 앞으로 일어날 일들을 예측하는 생각 말이야. 예를 들어, 날씨가 추워지면 식량이 부족해질 것이라는 생각, 그러니까 먹을 것과 입을 것을 많이 모아 두어야 한다는 생각, 모을 수 있는 식량과 자원은 한정되어 있기 때문에 다른 사람이 내 것을 빼앗을 수도 있다는 생각, 내 것을 쉽게 뺏기지 않을 힘이 있다는 것을 모두에게 보여 주어야겠다는 생각, 내 것을 빼앗을 가능성이 많은 사람을 없애 버리면 안전할 것이라는 생각, 남의 것을 빼앗으면 훨씬 수월할 것이라는 생각…….

　이러한 생각들은 더 가치 있는 것과 그렇지 않은 것을 나누어 달리 평가하는 동기가 돼. 생물과 무생물의 가치, 사람과 동물의 가치를 구분하는 것뿐만이 아니라 그 안에서도 여러 가지 잣대들로 가치를 다르게 평가하는 거지.

　가장 흔한 가치 판단의 기준은 '같음'과 '다름'이야. 유유상종˙하는 건 모든 생명체에게 자연스러운 행동이야. 닮지 않은 낯선 대상에게 함부로 다가갔다가는 공격을 당하거나 잡아먹힐 수 있으니까 말이야. 하지만 문제는 유유상종이 사람들 사이에서 차별로 이어진다는 거야. 인종이나 사회 계층, 경제적 수준이 다르다는 이유로 서로를 배척하고 우방 국가니, 적대 국가니 하면서 편을 가르는 거지.

● **유유상종** 서로 비슷한 이들이 함께 어울리는 것

또 다른 기준은 '흔함'과 '특별함'이야. 많은 사람들이 특별함을 원하지만 그 수나 양이 적다 보니 그 가치는 아주 높게 평가돼. 그래서 특별한 것을 가진 사람은 힘을 얻게 되지. 예를 들어 돌멩이와 보석의 차이를 생각해 보자. 돌멩이는 어디서든 흔히 볼 수 있어서 그것을 갖고 싶어 하는 사람이 적어. 반면에, 보석은 좀처럼 얻기 힘들고 많은 사람들이 원하기 때문에 그 가치가 높아. 그래서 사람들은 이 진귀한 보석을 갖기 위해 많은 대가를 지불하고 위험까지 감수하기도 하지. 높은 계급이나 계층, 재산, 학력 등도 보석처럼 누구나 쉽게 가질 수 없기 때문에 그것을 소유한 사람들은 권력을 갖게 되는 거야. 여기서 가장 큰 문제는 특별함 그 자체가 아니라 특별함을 갖지 못한 사람들이 존중받지 못한다는 거야.

가치 판단은 객관성과 주관성에 따른 차이가 있어. 객관적 가치가 대부분의 사람들이 같은 기준으로 가치를 판단하는 것이라면, 주관적 가치는 각자 다른 기준으로 가치를 판단하는 거지.

앞서 예를 든 돌멩이와 보석을 생각해 볼까? 고려의 명장 최영 장군같이 '황금 보기를 돌같이 하라!'의 마음가짐을 행동으로 실천하는 사람은 황금, 즉 보석에 높은 가치를 두지 않을 수 있어. 또, 돌멩이에 특별하고 소중한 추억이 있는 사람이라면 돌멩이의 가치는 어떤 보석보다도 귀할 거야. 주관적 가치란 바로 이런 걸 말해. 각자의 생각에 따라서 보석이 돌멩이보다 못할 수도 있고 돌멩이가 보석보다 값질 수도 있는 거지.

이런 가치 판단을 통해 무언가에 어떤 가치를 부여하는 것이 전부 우리의 마음가짐에서 나온다는 것을 알 수 있어. 다시 말해, 우리와 함께 살고 있는 모든 생명들을 존중하는 것도, 갖가지 잣대를 들이대 견주어 차별하는 것도 다 마음먹기 나름이라는 거야.

그렇다면 이제부터는 그동안 불필요한 잣대들을 내세우며 세상을 불공평하고 어둡게 만들었던 차별의 문제들에 대해 조금 더 구체적으로 이야기해 보자. 이런 문제들을 이야기함으로써 마음속에 있던 잣대들을 버리고 서로에 대한 존중의 마음가짐을 회복해야 하는 이유를 알게 될 거야.

그리고 우리의 이야기가 더 깊어질수록, 서로 다름을 존중하고 함께 어울리는 것은 선택이 아닌 필수라는 것을 깨닫게 될 거야. 존중은 우리의 생존을 위해 반드시 필요한 것이니까 말이야.

가치를 차별한 끔찍한 결과

　세계 역사를 보면, 잘못된 가치 평가의 결과로 배제와 차별이 계속되어 왔어. 가치를 낮게 평가하는 데는 외모나 피부색에서부터 생활 양식, 이념, 종교에 이르기까지 다양한 이유가 있는데, 특히 종교의 차이는 예나 지금이나 차별의 주된 원인 중 하나이지. 자신의 종교는 우월하고 상대의 종교는 열등하다고 여기기 때문이야. 물론 과거 종교의 문제를 내세우는 것에는 복잡한 이유들이 숨어 있었어. 정치적 패권*을 잡기 위해서 혹은 경제적 이득을 취하기 위해서 종교의 차이를 명분 삼아 박해**를 하거나 전쟁을 벌이기도 했으니까 말이야. 그래서 근대 유럽의 전쟁은 '종교 전쟁'이라 부르기도 한단다. 중동 분쟁으로 알려진 이스라엘과 팔레스타인의 끝없는 전쟁도 그 명분은 기독교와 이슬람교의 대립이었지.
　전쟁은 사람들의 목숨을 앗아가고 살 곳을 파괴하는 등 수

* **패권** 어떤 분야에서 우두머리나 으뜸의 자리를 차지하여 누리는 공인된 권리와 힘
** **박해** 못살게 굴어서 해롭게 함

많은 피해를 낳아. 그뿐만 아니라 역사적으로 침략이나 전쟁이 일어나는 경우 승전국의 사람들은 늘 패전국의 사람들을 함부로 대했어. 고대 이집트에서 히브리 민족을 노예로 삼았던 일에서부터 미국과 유럽에서 아프리카 흑인들을 노예로 삼았던 일, 나치 독일이 유대인에게 강제 노역을 시킨 것에 이르기까지, 사람을 소나 말처럼 노동력을 제공하는 수단으로 여긴 것도 모자라 '말할 줄 아는 도구'라고 여기며 사고파는 게 가능한 물건 정도로 취급한 거야. 더 기가 막힌 건, 인종의 다름을 우월과 열등으로 해석했었다는 거야.

미국의 인디언 학살, 나치의 유대인 학살과 일본의 난징 대학살 등은 물론, 인종 청소*로 알려진 르완다, 보스니아의 대학살은 인종 차별이 낳은 끔찍한 결과들이야. 이런 범죄를, 그리스어로 인종을 뜻하는 '제노스(Genos)'와 살해를 뜻하는 라틴어 '카에도(Caedo)'를 합쳐 '제노사이드(Genocide)'라고 해. 이건 일반적인 전쟁에서 수많은 사람들의 목숨을 앗아가는 것과는 달라. 제노사이드는 특정 인종이나 민족을 완전히 없애 버리기 위해 의도적으로 살인을 하는 거야.

* **인종 청소** 특정 인종이나 민족을 강제적으로 배제하고 말살하려는 행위나 정책

그런데 인종은 자연의 범주가 아니라는 사실을 알고 있니? 피부색이나 출신 지역에 따라 나누는 인종 분류가 동물학적으로 인간이라는 종의 공식적인 하위분류가 아니라는 거야. 그러니까 인종은 우리의 고정 관념에 따라 임의적으로 구분한 묶음일 뿐인 거지. 그런 잘못된 분류 기준을 가지고 사람을 차별한다는 것이 우습지 않니?

현대 사회에서는 인종 차별에 의한 무차별 대량 학살을 벌이지는 않아. 하지만 여전히 특정한 사람들을 차별하는 현상들이 나타나고 있지. 혐오의 감정을 가지고 이방인이나 외국인을 차별하는데, 이런 현상을 '이방인'을 뜻하는 그리스어 제노(xeno)와, '공포'와 '혐오'를 뜻하는 포비아(phobia)를 합쳐 '제노포비아(Xenophobia)'라고 해.

제노포비아의 대표적인 예로는 난민 거부를 들 수 있어. 난민의 입국을 허가하는 경우 자기 나라에 피해를 준다고 생각하는 거지. 난민을 돌보기 위해 들이는 세금이 낭비라는 생각, 정착이 허락된 후 각종 범죄가 증가할 거라는 생각, 심지어 그들이 자국민들의 일자리를 빼앗을 거라는 생각까지, 실제로 일어나지도 않은 일들에 대한 불안 때문에 그들을 거부하는 거야. 부끄럽게도 난민에 대한 혐오 현상은 한국에도 있었어.

2018년 제주도에 예멘 난민들이 도착하자 그들의 입국을 거세게 반대하는 사람들이 있었지.

또, 최근 코로나19 바이러스의 확산으로 인한 반응도 제노포비아의 한 예시가 될 수 있어. 중국에서 코로나에 걸린 환자의 수가 급속도로 늘어나던 시기에 한국에서는 중국인의 입국을 막아야 한다는 여론이 들끓었지. 이는 중국인에게 바이러스를 옮기는 원인이라는 꼬리표를 붙이는 행위였어. 그러다가 국내에서 한 종교 집단의 모임으로 인해 코로나의 지역 감염이 급속도로 확산되었다고 보도되자 그 종교 자체를 탓하는 사람들이 급증했지. 이렇듯 제노포비아는 특정 인종이나 민족, 심지어 사회적 목적으로 결성된 집단에까지 오명을 씌우고 그 구성원들을 배제시킨다는 문제를 가지고 있어.

'같다' 또는 '다르다', '우월하다' 또는 '열등하다'로 평가하고 차별하는 것이 과도한 불안이나 혐오의 감정과 연결되면, 어려운 상황에서 서로를 돕기보다는 응징의 칼날만을 내밀어 더 위태로운 상황을 만들 수 있어. 혐오는 어떤 문제가 우리를 불안하게 할 때 그 불안감을 없애기 위해 구실을 찾아 탓하고 미워하게 만드는 감정이야. 하지만 혐오로는 절대 근본적인 문제를 해결할 수 없다는 것을 기억해야 해.

차별 대신 **존중**

　우리를 위협하는 어떤 문제가 생겼을 때 그 문제를 해결하고 싶다면 상황을 현명하게 바라볼 수 있는 시각이 필요해.

　그러기 위해서는 먼저 차별을 만드는 잣대로 가치를 판단하는 것에서 벗어나야 해. 나와 '같다' 또는 '다르다'는 어떤 한 가지 특성으로 비교할 수 있는 절대적인 기준이 아니라 상대적인 거라는 점을 깨달아야 하지. 예를 들어 볼까? 너와 네 친구는 부모도 다르고 사는 집도 다르지만 같은 학교에 다닌다는 것은 같아. 여자와 남자는 성별이 다르지만 모두 사람이라는 점에서 같지. 장애와 비장애도 마찬가지야. 더 나아가 동물과 식물도 전혀 다를 것 같지만 이 지구에 사는 생물이라는 점에서 같아. 즉, 우리가 '같다'라고 생각하는 묶음의 크기를 더 크게 만들어 바라본다면 작은 차이 하나만으로 서로를 차별할 이유가 없는 거야. '우리'라는 보따리 안에는 이 세상 모든 것이 들어갈 수 있으니까 말이야.

　두 번째는 차이를 당연한 것으로 받아들여야 해. 서로 다른 색깔과 무늬가 모여 멋진 천을 짜 내듯 서로 다른 우리가 모여 멋진 지구를 만드는 거지. 그러기 위해 우리가 특히 조심해야 하는 것은 서로 다름에 대해 어느 한쪽을 우월하고 특별한 것으로 평가하거나 다른 한쪽을 열등하고 무가치한 것으로 평가하지 않는 거야. 모두의 다름을 그대로 존중하는 것이 가장 중요하단다.

세 번째는 상대의 입장에서 바라볼 줄 알아야 해. 어떤 사건이나 사태를 평가할 수 있는 절대적인 기준은 없어. 보는 입장에 따라 다양한 의미가 만들어지기 때문이야.

난민 수용 문제를 다시 한번 떠올려 보자. 난민을 반대하는 시위를 벌이는 현지인들의 입장에서는 낯선 사람들로부터 본인들의 안전을 지키기 위한 진지한 거부일 수 있어. 하지만 정착을 요구하는 난민의 입장에서는 살기 위해 목숨을 건 처절한 도움 요청인 거야. 그래서 난민의 입장에 선 사람은 그들을 도와주기 위한 일들을 하는 거지.

둘 중 누구도 나쁘다고 할 수는 없어. 모두가 같은 생각을 할 수는 없는 거니까. 따라서 이러한 문제를 해결하기 위해서는 서로의 입장을 충분히 이해하고 고려하면서 조금이나마 걱정을 덜어 주고 절충할 수 있는 방안들을 협의해 나가야 하는

거야. 차별을 버리고 다름을 존중할 수 있는 '바라보기'는 작은 실천이지만 큰 결과를 가져올 수 있단다.

1948년 12월 10일 유엔 총회에서 제정된 〈세계 인권 선언〉은 '인류 가족 모두의 존엄성과 양도할 수 없는 권리를 인정하는 것이 세계의 자유, 정의, 평화의 기초다. 인권을 무시하고 경멸하는 만행이 과연 어떤 결과를 초래했던가를 기억해 보라. 인류의 양심을 분노케 했던 야만적인 일들이 일어나지 않았던가?'라는 말로 시작해. 이것은 우리가 1차·2차 세계 대전을 겪으며 얻은 교훈이 바로 서로의 다름을 인정해야 한다는 것이라는 사실을 알려 주는 거란다. 그래서 〈세계 인권 선언〉의 제1조는 모든 사람이 평등하게 존중받아야 한다는 내용을 담고 있어.

제1조 모든 사람은 태어날 때부터 자유롭고, 존엄하며, 평등하다. 모든 사람은 이성과 양심을 가지고 있으므로 서로에게 형제애의 정신으로 대해야 한다.

제2조 모든 사람은 인종, 피부색, 성, 언어, 종교 등 어떤 이유로도 차별받지 않으며, 이 선언에 나와 있는 모든 권리와 자유를 누릴 자격이 있다.

그리고 이 선언문의 30개의 조항에는 모두에게 평등이 보장될 권리와 그것을 위해 반드시 지켜야 할 사항들이 쓰여 있지. 이 선언문은 법적 구속력*은 없지만 거의 모든 국가의 헌법에 그 내용이 반영되어 있을 정도로 중요하게 여겨지고 있단다.

지금 〈세계 인권 선언〉을 다시 쓴다면 어떨까? 우리가 존중해야 하는 대상은 사람만이 아니라 동물과 식물, 자연환경까지도 포함되니까, 〈세계 만물 권리 선언〉 정도로 바꿀 수 있을지도 모르겠구나.

어찌 되었든 가장 중요한 건 우리의 약속이나 다짐이 말이나 글에 그치지 않도록 해야 한다는 거야. 그러려면 많은 사람들이 실천을 해야 하는데, 실천은 우리가 무엇을 어떻게 해야 하는지에 대한 지식과 기꺼이 그렇게 하고자 하는 동기가 있어야 하지.

그럼 이제부터 다양한 입장과 주제를 가지고 왜 존중이 필요한지, 우리가 어떻게 존중을 실천할 수 있는지 자세히 알아보자.

• **법적 구속력** 어떤 행위를 하지 못하도록 법으로 막는 힘

2. 모든 사람을 존중해!

어린이 존중 · 노인 존중 · 장애인 존중 · 여성과 성 소수자 존중 · 누구에게나 마땅한 존중

어린이 존중

　어린이는 어린아이를 격식을 갖추어 부르는 말이야. 아동이라는 말과 함께 사용할 수 있지. '어린이'라는 말은 일제 강점기였던 1920년에 소파 방정환 선생이 〈어린이 노래〉를 발표하면서 널리 알려졌어. 그 전에는 어린이를 부르는 명칭이 따로 없었는데, 명칭이 없다는 것은 그 존재를 인정하지 않는다는 것을 의미하지. 과거 신분제가 존재했을 당시, 최하층민들에게는 제대로 된 이름을 붙여 주지 않았던 것을 생각해 보면 명칭은 존중과 관련이 있다는 사실을 쉽게 알 수 있을 거야. 방정환 선생은 어린이를 잘 키우는 일이야말로 미래를 가꾸는 일임을 절실히 깨닫고 어린이 인권 운동에 앞장섰어. 그는 어린이날을 만들고 어린이에 대한 잘못된 인식을 개선하는 데 큰 공을 세웠단다.
　어린이가 그 존재를 제대로 인정받지 못했던 것은 서양에서도 마찬가지였어. 19세기까지는 어린이를 성인과 독립된 존재로 인정하지 않았지. 그저 성인의 축소판, 즉 조그만 사람으로만 생각한 거야. 잘 자랄 수 있도록 보살핌을 받아야 하는 존재가 아니라 크기가 작을 뿐인 존재로 봤던 거지. 그래서 성인과 다름없이 고된 노동을 시켰고 심지어는 성적 노리갯감으로 삼기도 했어.

서구에서 어린이가 인정받기 시작한 것은 20세기에 들어서면서부터야. 스웨덴의 사상가이자 교육자인 엘렌 케이가 자신의 책 《어린이의 세기》에서 모든 어린이의 자유와 권리 보장을 주장하면서 '어린이 존중 사상'에 불이 붙었다고 할 수 있어.

어린이가 성인과 구분된 존재로서 존중받아야 하는 이유는 어린이는 아직 자라나고 있는 상태이기 때문이야. 그래서 더 좋은 환경과 대접이 필요하지. 균형 잡힌 영양 섭취와 다양한 놀이 및 학습을 해야 하는 것은 물론 충분히 사랑받아야 몸과 마음이 건강한 성인으로 자랄 수 있어.

현대에 와서는 이러한 아동기의 중요성을 인식하여 어린이를 더욱 귀하게 여기게 되었어. 하지만 여전히 어린이의 귀한 가치를 인정하지 않고 어린이를 그저 성인을 대체하는 수단으로만 삼는 일들이 곳곳에서 일어나고 있어. 국제 인권 단체인 국제인권감시기구의 통계에 따르면 아프리카나 남미, 동남아시아와 서남아시아 지역의 전쟁 중인 약 21개 국가에서는 지

금도 어린이를 납치해 총알받이로 쓰거나 성 노리개로 쓰는 일이 빈번하다고 해.

  또, 어린이를 값싼 노동력을 가진 존재로 여기기도 하지. 18~19세기 산업 혁명 당시 영국에서는 어린이에게 광산의 좁은 통로를 오가게 하거나 방직 공장에서 기계에 기름칠을 하게 하는 등 위험한 일들을 시켰어. 그런데 현대에 들어서도 노동의 종류만 달라졌을 뿐이지 인도의 유리 공장, 베트남의 커피 공장, 콜롬비아의 탄광을 비롯해 선진국의 상품을 하청받아 대량 생산하는 개발 도상국의 공장에서는 여전히 어린이에게 힘들고 위험한 일을 시키고 있단다. 게다가 경제적인 어려움이 큰 국가에서는 아직도 어린이를 거리로 내보내 구걸을 시키거나 물건을 팔게 하여 돈벌이 수단으로 삼고 있어. 심한 경우, 사람들의 동정을 사기 위해 일부러 팔다리를 자르거나 눈을 멀게 만들기도 한다고 해.

  어린이 노동의 문제는 그들에게 충분한 임금을 지불하지 않는다는 것뿐만이 아니라 놀 수 있는 시간, 공부할 수 있는 시간을 빼앗고 과도한 노동에 시달리게 한다는 점이야.

  이런 이야기들이 우리와는 먼 이야기처럼 들리니? 그렇다면 우리와 가까운 가정이나 학교를 살펴보자. 과연 여기에서는 어린이가 존중받고 있을까?

　어린이를 신체적·정서적·성적으로 괴롭히거나 방치하거나 낯선 곳에 버리는 행위를 '아동 학대'라고 하는데, 아동 학대가 가장 많이 발생하는 곳은 가정과 학교라고 해.

　아래 그래프를 같이 볼까? 이 그래프는 학대로부터 보호받

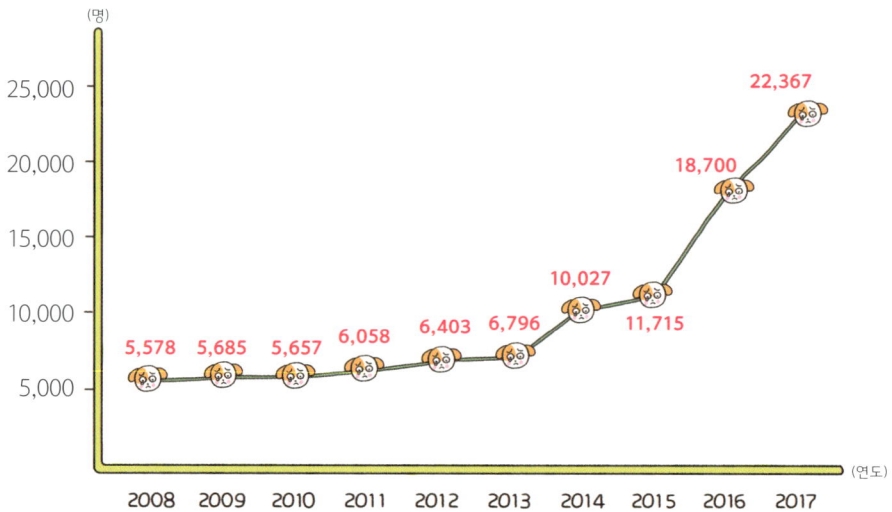

자료 출처: 〈2017 전국 아동 학대 현황 보고서〉 보건복지부(2019)

는 어린이의 수가 급격히 늘고 있다는 사실을 보여 주고 있어. 학대당한 어린이를 보호할 수 있는 제도가 비교적 최근에 만들어져서 보호받는 어린이의 수가 늘어난 영향도 있지만, 여전히 학대당하는 어린이의 수가 증가하고 있기 때문에 이런 모양의 그래프가 나타나는 거야.

　어린이의 안전과 보호의 문제가 날로 심각해지는 것을 막기 위해 유엔 총회에서는 1989년 11월 '아동권리협약'을 채택했어. 이 협약은 어린이를 단순한 보호의 대상이 아닌 존엄과 권리를 지닌 사람으로 보고 이들의 생존, 발달, 보호, 참여에 관한 기본 권리를 밝힌 거야. 유엔에 가입한 국가는 5년마다 어린이 인권 상황에 대한 보고서를 제출하고 유엔아동권리위원회는 그 보고서들을 심의하며 어린이 인권 보장의 장애 요인을 분석하고 대처 방안들을 모색한단다.

　아동권리협약의 내용을 보면 어린이가 누려야 할 권리로 전쟁 지역에서 특별한 보호를 받을 권리, 교육받을 권리, 충분히 쉬고 놀 권리, 건강하게 자랄 권리, 정신적·신체적 폭력과 학대를 받지 않을 권리 등을 명시하고 있어.

　그런데 어린이를 존중하고 권리를 보장해 주어야 하는 것이 꼭 어른만들의 의무라고 생각하니?

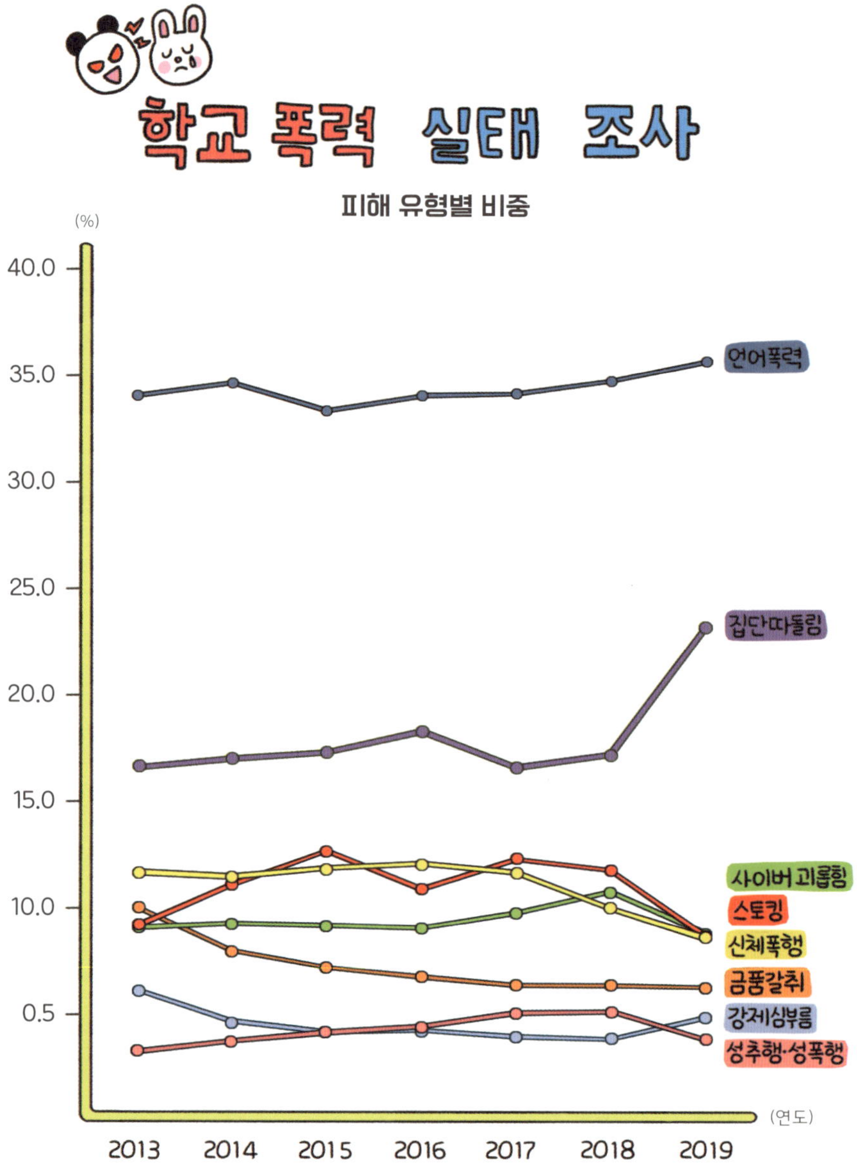

자료 출처: 〈2019년 1차 학교 폭력 실태 조사 결과 발표 보도자료〉 교육부(2019)

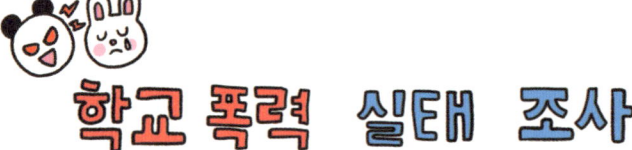

왼쪽 그래프는 학교 폭력 실태* 조사를 바탕으로 어떤 종류의 학교 폭력이 이전보다 많이 발생하고 있고 적게 발생하고 있는지를 보여 주는 거야. 조금 복잡해 보이기는 하지만 최근까지 언어폭력, 집단 따돌림, 강제 심부름 등이 증가했다는 것을 알 수 있어. 특히 이 중에서 가장 크게 증가한 건 집단 따돌림이야. 여러 어린이가 한두 명의 어린이를 배제하고 차별하는 일들이 벌어지고 있는 거지.

　어린이 존중을 위해서는 어린이 스스로가 앞장서야 해. 우리가 먼저 서로를 존중해야 한다는 말이지. 항상 어린 사람이 나이 든 사람을 본받는 것은 아니란다. 그 반대도 충분히 가능해. 그러니까 우리가 서로를 존중하는 아름다운 모습을 보여 준다면 어른들도 우리의 모습을 본받아 서로를 존중할 수 있게 될 거야.

* **실태** 있는 그대로의 상태

노인 존중

어떤 사람을 노인이라고 부를까? 노인의 기준을 이야기할 때 대부분 나이를 먼저 떠올릴 거야. 그런데 사람의 평균 수명이 늘어나면서 몇 살부터 노인이라 불러야 할지, 그 기준이 모호해지고 있어.

일반적으로 65세 이상을 노인이라고 한단다. 현재 전 세계적으로 노인 인구 비율이 급증하고 있다는 건 아마 들어 본 적이 있을 거야. 우리나라는 2026년이면 노인 인구 비율이 20퍼센트를 넘어서면서 초고령 사회로 접어들 거라고 해.

노인의 수가 계속적으로 증가하는 상황에서 노인에 대한 사람들의 인식은 어떨까? 안타깝게도 예나 지금이나 노인에 대한 부정적인 인식은 좀처럼 바뀌지 않고 있는 것이 사실이야. '고집불통 노인네', '공중도덕과 예의범절을 모르는 철면피', '시대에 뒤떨어진 말로 가르치려고만 드는 잔소리꾼', 심지어 최근에는 노인을 조롱하는 뜻이 담긴 '틀딱충'이라는 도를 넘는 혐오 표현이 생겨날 정도로 노인들을 융통성 없고 개념 없는 사람으로 생각하곤 하지.

그런데 이러한 노인에 대한 편견은 사회가 만든 거라고 볼 수 있어. 과거 평균 수명이 60세도 안 되었던 시대에는 40세만 되어도 노인 취급을 받았지. 지금의 40세를 생각해 봐. 그들을 할아버지나 할머니라고 부를 수 있겠니? 하지만 그때도 노인에 대한 편견은 지금과 다르지 않았단다. 편견이 얼마나 우리의 시야를 좁게 만드는지 알 것 같지 않니?

사회적으로 인정하는 노인은 나이만으로 결정되는 건 아니야. 정년퇴직˙을 하거나 자녀를 출가시킨 이후의 삶을 사는 사람들을 보통 노인이라고 부르지. 이 시기가 되면 퇴직으로 수입이 줄고 건강도 약해져서 이전과는 다른 생활을 할 수밖에 없어.

이런 시기를 보내고 있기 때문에 노인을 다른 연령대와 구분하여 존중할 필요가 있는 거지. 노년기는 기억력 감퇴, 집중력 감소 등 인지적인 능력이 저하될 뿐만 아니라 신체적으로도 전과 달리 활력과 기능이 떨어지게 된단다. 때문에 청장년층에게는 비교적 간단한 치료도 노년기에는 큰 부담이 될 수

˙ **정년퇴직** 정해진 나이가 되어 직장에서 물러나는 것

있어. 바이러스성 질병이 유행할 때 노인들이 취약한 것도 이 때문이야. 따라서 노년기의 건강 상태를 고려한 처방이나 처치를 하는 것도 노인을 존중하는 것이라 할 수 있지. 그러니까 '살날도 얼마 남지 않았는데 그렇게까지 할 필요가 있나?'라는 잘못된 생각으로 노인들에게 적절한 치료를 제공하지 않는다면 그것 또한 노인을 차별하는 잘못된 행동인 거야.

사실 노인이라고 모든 기능이 떨어져 죽음만을 기다리는 무의미한 시간을 보내는 건 아니거든. 인지 발달 심리학자들은

노년기에 기억, 연산 등 빠르고 정확한 처리를 요하는 능력은 현격히 떨어지는 반면 문제를 다양한 관점에서 바라보고 판단하는 능력은 계속 향상되고 있다는 것을 발견했어. 노인이 현명한 것에는 다 이유가 있었던 거야.

 또 노년기라고 해서 열정이 사라지는 것도 아니야. 노인도 새로운 것을 배우고, 새로운 사람들을 만나고, 이성 친구를 사귀고 싶은 욕구가 있다는 것을 인정해야 해. 최근 들어 노년기에 새로운 직업에 도전하고 열심히 활동하고 있는 노인들이

눈에 띄게 늘고 있어. 대표적으로, '행복한 것을 하는 것'이라는 운영 방침으로 본인의 솔직하고 유쾌한 일상을 보여 주는 유튜버 박막례 할머니와 '밀라논나'로 불리며 패션 상식과 스타일링 팁을 소개하는 패션 유튜버 장명숙 할머니는 여느 젊은 유튜버 못지않게 활발한 활동을 하고 있어. 시니어 모델로 활동하고 있는 김칠두 할아버지 역시 그 어떤 사람도 흉내 낼 수 없는 카리스마로 사람들의 시선을 끌고 있지. 외국에서도 마찬가지야. 미국의 카르멘 델로피체, 영국의 다프네 셀프 같은 시니어 모델들은 80세가 넘은 나이에도 주름진 얼굴과 몸을 오히려 당당하게 드러내면서 활발하게 활동하고 있어. 최근 중국에서는 50세가 되던 해부터 몸을 가꾸기 시작해 79세에 처음으로 패션쇼 런웨이 무대에 오른 왕더순 할아버지가 큰 화제가 되기도 했지.

하지만 아무리 시대가 변했다 해도 모든 노인이 이렇게 새로운 도전을 하면서 활발하게 사는 건 아니야. 아마 대부분의 평범한 노인들은 은퇴 이후 사회의 주역에서 물러나 신체적으로나 정신적으로나 기능이 떨어지고 쇠약해지고 있다는 것을 인정하고 닥쳐올 죽음을 피할 수 없다는 사실을 받아들이는 힘든 과정을 보낼 거야. 그러니까 우리가 노인을 존중한다는 것은 곧 그들이 이렇게 힘든 시간을 보내고 있음을 알아준다는 것 아닐까?

또한 그들이 무언가 새로운 관심거리를 찾을 수 있도록 정보를 제공하고, 규칙적으로 건강 관리를 할 수 있도록 돕고, 다른 사람들과 즐겁게 사회생활을 할 수 있도록 응원하고 박수를 보내는 일들을 함으로써 노인 존중을 실천한다면, 그것은 훗날 우리가 같은 시기를 맞이했을 때 그 시간을 극복할 수 있는 힘이 되어 돌아올 거야.

장애인 존중

존중은 우리 모두에게 필요한 것이라고 했잖아? 그런데 우리의 관습 안에 스며들어 있는 편견들이 특정한 사람들을 자꾸 차별하고 있어.

장애인은 그 첫 번째 피해자라고 할 수 있지. 장애인을 지칭하는 말들이 그들을 더 배제시키고 있거든. 귀머거리, 장님, 벙어리라는 말은 모두 장애인을 비하하는 말들이야. 처음에는 단순히 장애인을 가리키기 위해 생긴 말들이었지만 사회가 바뀌면서 누군가를 비하하는 의도로 사용되고 있지. 그래서 이처럼 장애인을 비하하는 의미가 담긴 단어를 대신해 청각 장애, 시각 장애, 언어 장애라고 고쳐 쓸 것을 권장하고 있어.

또한 우리가 일상에서 사용하는 말들이 은연중에 장애에 대한 편견을 조장할 수도 있어. 겨울에 손이 시릴 때 끼는 '벙어리 장갑'이라는 말은 언어 장애에 대한 편견을 갖게 할 수도 있지. 그래서 이를 대신해 '손모아 장갑' 혹은 '엄지 장갑' 등 장애가 연상되지 않는 명칭으로 부르자는 캠페인이 벌어지기도 했어.

장애에 대한 편견을 없애기 위해서는 가장 먼저 장애를 가진 사람과 그렇지 않은 사람을 어떤 차이로 봐야 할지를 신중하게 생각해 봐야 해. 장애를 결함이 아닌 불편함으로 바라봐야 한다는 인식 개선이 강조되고 있지만, 그럼에도 불구하고 장애인에 대한 혐오 현상은 여전히 존재해.

2016년 일본에서 장애인 보호 시설에 침입해 열아홉 명을 죽인 사람이 재판을 받았는데, 이 사람은 스스로를 영웅으로 여겼다고 해. 장애인이 사회악이라는 불합리한 생각에서 비롯된 끔찍한 혐오 범죄였던 거지.

장애인에 대한 복지 처우가 비장애인들에게 부담을 지우는 것이라고 주장하는 사람도 있어. 심한 경우 장애인들의 출산을 막아야 한다고까지 이야기하는 사람들도 있지. 장애 때문에 자녀를 제대로 돌볼 수 없을 뿐만 아니라 결국 이들의 자녀까지 비장애인들의 세금을 들여 지원해 주어야 한다는 이유로 말이야. 국가에서는 '장애인차별금지법'을 제정해 이처럼 장애인이 모·부성권*을 행사하는 데 있어 차별받지 못하도록 하고 있지만 현실에서의 차가운 시선까지는 어떻게 하질 못하고 있

* **모·부성권** 부모로서 가지는 정신적·육체적 성질이나 본능을 행사할 수 있는 권리로, 임신·출산·자녀 양육을 할 수 있는 마땅한 권리

단다.

  그렇다고 해서 장애인을 향해 지나친 동정의 시선을 보내는 게 그들을 존중하는 건 아니야. 그들이 해야 할 것을 대신해 주는 것이 아니라 장애로 인한 그들의 불편함을 덜어 주어 스스로 할 수 있는 것들이 더 많아지도록 돕는 것이 장애인을 존중하는 태도인 거야.

휠체어를 타고 들어갈 수 있는 건물, 버스나 기차는 물론이고 횡단보도의 소리 신호와 점자 블록*, 텔레비전 방송의 수어 통역 제공 등 우리의 일상생활 속 곳곳에 장애인을 위한 시설들이 마련되어 있어. 이러한 장애인 편의 시설은 앞으로도 더 다양한 것들이 만들어질 수 있지.

상상해 보자. 만약 네가 발명가라면 장애를 가진 사람들의 편리한 생활과 차별받지 않는 환경을 위해 어떤 걸 만들겠니?

* **점자 블록** 시각 장애인의 안전을 위해 도로에 깐 특수한 블록

여성과 성 소수자 존중

　존중에 대해 생각해 봐야 하는 또 다른 예로는 성차별 문제도 있어. 성차별은 남성보다 여성에게 더 심각한 문제이지. 동서양을 막론하고 과거 남성 중심의 사회에서 여성은 늘 배제와 차별의 대상이었어. 인종 차별이 심했던 미국에서 흑인 남성의 참정권˙보다 백인 여성의 참정권이 인정된 게 훨씬 후의 일이었을 정도니까 말이야.

　요즘에야 많은 여성이 사회 각 분야에 진출해서 중요한 직책을 맡고 있지만 불과 몇십 년 전까지만 해도 지금과 같은 상황은 상상도 할 수 없었지.

　최근 들어 여성과 남성을 차별하지 않고 모두에게 평등한 기회를 보장해야 한다는 목소리가 높아지면서 국가에서도 여성의 사회 진출과 활동을 보장해 주는 법과 규정을 마련했어. 각 분야의 중요한 직책에 여성을 임용해야 하는 비율을 정하

˙**참정권** 국민이 정치에 직·간접적으로 참여하는 권리

고 여성을 고용하는 기관이나 기업에 혜택을 주는가 하면, 남성의 육아 휴직이나 부모 모두의 육아 휴직 제도를 만들어 여성이 일과 양육 사이에서 겪는 어려움을 덜어 주고자 노력하고 있지.

그렇다고 성차별이 완전히 해결된 것은 아니야. 아직도 성별에 따른 편견으로 여성을 대하는 경우가 많고 심지어 여성 혐오 현상까지 나타나고 있어. 여성만을 범죄의 대상으로 삼는 여성 혐오 범죄가 심각한 사회 문제로 대두되고 있을 정도야. 따라서 성차별을 완전히 없애기 위해선 그 누구보다 한 사람, 한 사람의 노력이 필요하단다.

성평등을 위한 노력에는 성 소수자에 대한 배려도 포함돼. 성 소수자란 동성에게 사랑을 느끼는 사람만이 아니라 성 정체성에 문제를 가지고 있는 모든 사람들을 일컫는 포괄적인 말이야. 동성에게 사랑의 감정을 느끼는 동성애자, 동성과 이성 모두에게 사랑의 감정을 느끼는 양성애자, 자신의 생물학적인 성과 심리적인 성이 일치하지 않는다고 인식하는 트랜스젠더까지도 포함되지. 불과 20여 년 전까지만 해도 동성애를 정신병으로 분류했고 심지어 범죄로 여기는 국가들도 있었어. 다행히 지금은 성 소수자의 문제를 병이나 범죄로 보지 않아.

오히려 성 소수자라는 이유로 사회에서 차별받지 않도록 인권을 존중해야 한다는 목소리가 높아지고 있지.

하지만 논란은 여전히 존재해. 최근 우리나라에서는 남성에서 여성으로 성전환 수술을 받은 군인이 여군으로서 계속 군 복무를 하고 싶다는 의사를 밝혔지만 강제 전역 통지를 받은 일이 있었어. 같은 시기에 남성에서 여성으로 성전환 수술을 받은 또 한 명의 트랜스젠더가 여자 대학에 지원해서 당당히 합격했지만 학생들의 거센 반대로 결국 입학을 포기한 경우도 있었지. 아직도 이렇게 서로 다른 입장들이 날을 세우고 바라보고 있기 때문에 쉽게 해결되기에는 많은 어려움이 따르는 게 현실이야. 그래도 우리는 자신의 목소리를 낼 수 있었던 이들의 용기에 박수를 쳐 줄 수 있지 않을까?

진정한 성평등을 원한다면 주민 등록 번호의 남녀 구분부터 없애야 한다고 주장하는 사람도 있어. 그러나 여러 가지 제도나 정책을 만든다고 하더라도, 결국 성차별의 문제는 우리가 가지고 있는 선입견에서 출발하는 거야. 그러니까 가장 중요하고도 효과적인 해결책은 우리가 무심코 하는 말과 행동에서부터 성별만으로 그 사람의 가치를 함부로 평가하는 일이 없도록 조심하는 것이란다.

누구에게나 마땅한 존중

지금까지 우리는 어린이, 노인, 장애인, 여성과 성 소수자 차별을 이야기했어. 어떤 차별이 일어나고 있는지 살펴보고, 존중을 위한 사회적 준비가 완벽하지 않다는 사실도 알아보면서 이들에 대한 존중의 필요성을 깨달았지. 그렇다고 이들만이 존중의 대상이 된다는 것은 아니란다.

더 깊이 들어가 사회 곳곳을 살펴보면 이들 말고도 제대로 존중받지 못하고 있는 사람들이 많아. 학생, 환자, 군인 등과 같이 특별한 시설이나 집단에 속해 있는 사람, 난민이나 이주민, 유학생, 이주 노동자 등 다른 국가나 지역에서 온 사람, 종업원, 사원, 교직원 등 직장에 소속되어 일하는 사람……. 수많은 분류 방법을 통해 존중이 필요한 사람들을 찾을 수 있어. 그러니까 결국 모든 사람들이 존중의 대상이 된다는 말이야. 어느 집단, 어느 누구를 보더라도 받아 마땅한 존중이 있는 거지.

자, 지금까지 우리가 다른 사람에 대한 존중을 이야기했다면 이젠 우리 자신에 대한 존중을 이야기할 차례인 것 같구나.

우리가 스스로를 존중해야 하는 이유는 다른 사람을 존중할 수 있는 건강한 힘을 갖기 위해서라고 할 수 있어. 스스로를 귀하게 여기지 않는 사람은 다른 사람을 귀하게 여기기 힘들기 때문이야.

나 자신을 존중하는 것은 자신이 바른 사람이라는 확신을 갖는 것에서부터 시작돼. 내가 바른 사람이기 때문에 나의 생각과 태도와 행동도 바로잡을 수 있고 나쁜 쪽으로 빠지지 않도록 마음을 다잡을 수 있거든. 이게 바로 자신에 대한 존중을 실천하는 첫걸음이란다.

3. 모든 생명을 존중해!

사람만이 특별할까? · 존중받아야 할 먹거리 · 존중받아야 할 동물 · 환경 보호가 아닌 환경 존중

사람만이 특별할까?

지금까지 우리는 존중을 이야기하면서 모든 사람이 존엄한 가치가 있다는 것을 강조했어. 철학에서 이러한 생각을 '휴머니즘'이라고 하지. 그런데 휴머니즘이 마냥 긍정적인 것만은 아니야. 왜냐하면, 휴머니즘에서 정의하는 '인간다움'을 지니지 못한 사람들을 배제하기 때문이야. 대표적인 예로 범죄를 저지른 사람, 장애나 기형이 있는 사람, 정신적으로 병이 있는 사람들이 있어. 이들은 역사적으로 가치 있는 취급을 받지 못한 경우가 많아. 사람을 사람답지 않다고 여기는 생각에서 비롯된 거지.

휴머니즘은 한자의 사람 인(人) 자와 근본 본(本) 자를 써서 '인본주의'라고도 하는데, 말 그대로 인간이 모든 것의 뿌리가 된다는 뜻이야. 사람을 귀하게 여기는 멋진 사상인 것처럼 보이지만, 알고 보면 인간 중심적인 생각으로 세상을 바라보는 허점을 가지고 있는 사상이기도 해. 사람을 귀하게 여기는 생각이 잘못되었다는 것이 아니라 사람만이 귀하다는 생각이 잘

못되었다는 거야.

　사람의 가치를 중요하게 생각하다 보니 사람이 아닌 다른 것들의 가치까지도 사람을 중심으로 평가하게 돼. 그래서 동물과 식물도 고유한 생명으로서 가치가 있다고 생각하는 게 아니라 그저 사람을 위해 필요한 정도로만 여기는 거지. 땅과 바다와 하늘도 사람을 위해서라면 개발하는 걸 당연시하게 되는 거야.

　하지만 사람만을 향해 있는 생각의 틀에서 벗어나 전 지구를 바라본다면, 지구상에 있는 모든 생명체들이 더불어 살아가고 있다는 것을 알게 될 거야. 동물과 식물, 산과 바다, 바람과 태양도 마찬가지지. 지구 생태계를 구성하는 모든 것들이 각자가 맡은 역할을 하고 있는 거야.

　고대 마야 언어에서 생명이란 말은 '서로에게 빚짐'이라는 뜻을 가지고 있다고 해. 지구상의 생명체들이 서로 의지하면서 살아가니까 사람은 타인에게 빚이 있는 것은 물론 동물과 식물, 지구 환경에게도 빚을 지고 있는 거지. 때문에 사람이 과도한 욕심을 부리면 서로 맞물렸던 균형이 깨지면서 그로 인한 부정적인 영향이 사람에게 다시 되돌아오는 거야.

　그러니 지구상의 모든 존재, 나아가 우주상의 모든 존재와 조화롭게 공존하기 위해서는 반드시 사람만이 우월한 존재라는 생각을 버리고 모든 존재를 존중하는 마음가짐과 실천하는 태도가 필요하단다.

존중받아야 할 먹거리

옛날 우리 조상들은 먹거리도 소중하게 다루었어. 음식을 가지고 함부로 장난을 치거나 버리지 않도록 했지. 먹을 것이 부족했기 때문만은 아니야. 그들은 생일을 축하하거나 장례를 치를 때 손님들에게 음식을 대접했고 집안에 경사가 있을 때도 떡을 쪄서 이웃과 나누었어. 음식에 마음이 담겨 있다고 생각했기 때문이야. 그렇다 보니 음식을 버리는 것은 마음을 버리는 거나 마찬가지였어.

음식을 귀하게 여겼던 또 하나의 이유는 그것을 살아 있는 것들로부터 얻기 때문이야. 우리는 해마다 싹을 틔우고 자라나 열매를 맺는 식물과, 기꺼이 자기 살과 알을 내어 주는 동물을 통해서 먹을 것을 얻지. 다른 생명을 양분 삼아 우리의 생명을 유지하는 거야. 그러니 우리를 살게 해 주는 다른 생명들을 소중하게 여기는 것이 당연하지 않겠어?

요즘은 어떨까? 기술의 발달로 대량 생산이 가능해져서 먹거리가 넘쳐 나고 있어. 단순히 먹거리가 풍족해져서 좋다고 생각할 수 있지만, 좀 더 생각해 보면 대량 생산을 가능하게 했던 과정에도 문제점이 있다는 것을 알 수 있어. 축산품이나 농산품의 대량 생산 방식이 동식물은 물론 사람에게도 해를 끼치는 결과를 낳았거든. 다시 말해 생명에게서 얻은 먹거리와 그를 통해 살아가는 또 다른 생명을 존중하지 않은 거야.

사람들이 고기와 유제품을 즐겨 먹으면서 축산은 하나의 거대한 산업이 되었어. 그래서 축산업을 하는 사람들은 더 많이, 더 빨리 가축들을 키워 내고자 했지. 그 결과 가축들은 몸을 움직이기도 힘들 정도로 좁은 축사에 갇힌 채 금방 살이 오르도록 가공된 사료를 먹고 성장 호르몬까지 맞아야 했어. 그뿐만

이 아니야. 젖이 잘 나오는 종을 골라 교배시키고, 덩치가 큰 종을 골라 교배시키며 원하는 가축들을 만들었지. 그러다 보니 돼지는 제 몸을 가눌 수 없을 만큼 커지고, 닭들은 좁은 닭장에 갇혀 알만 낳다 죽고, 젖소는 새끼가 아닌 사람에게 젖을 내주어야 했어.

  산업형 축산으로 축산품의 대량 생산은 가능해졌을지 몰라도 그 결과는 끔찍했지. 가축을 기르기 위해 목축지를 무리하게 넓혀 숲이 파괴되고 배설물로 땅과 물이 오염되었지. 또, 옴짝달싹할 수도 없고 비위생적인 축사에서는 전염병이 발생했어. 많은 가축들과 배설물이 뒤엉킨 좁은 축사는 병이 잘 생기

고 쉽게 퍼져. 그래서 가축들에게 항생제를 잔뜩 먹이고 구제역이나 조류 인플루엔자 같은 전염병이 발생하면 그 지역의 농장에서 키우는 수많은 가축들을 산 채로 묻기도 해. 멀쩡히 살아 있는 동물을 땅에 묻다니 생각만으로도 소름이 돋지 않니?

한편, 소를 빨리 살찌우려다 보니 소의 뼈, 내장, 피 같은 부속물들을 사료로 쓰게 되었어. 이렇게 초식 동물이라는 타고난 특성을 완전 무시한 채 소에게 동물성 사료를 먹이다 보니 광우병이란 무시무시한 병도 생겨났어. 광우병에 걸리면 소는 뇌에 구멍이 숭숭 뚫려 제대로 움직이지도, 생각하지도 못하다 결국 목숨을 잃게 돼. 그런데 광우병은 소뿐만 아니라 광우병에 걸린 소고기를 먹은 사람에게까지도 전해지는 무서운 병이야. 그럼에도 2008년 우리나라 정부가 광우병 위험 소고기 수입을 허용한다는 방침을 결정하자 대규모의 촛불 시위가 벌어지기도 했었단다.

가축에 투여한 성장 호르몬과 각종 항생제 성분이 달걀과 우유, 고기 속에 남아 결국 사람에게 돌아오게 되는데, 이로 인해 아이들에게서는 성조숙증*이 나타나는가 하면 내성**이 생겨

* **성조숙증** 사춘기 전에 성적 발달이 일어나는 현상
** **내성** 약물을 반복해서 복용하여 약의 효과가 저하하는 현상

정작 사람이 병이 들었을 때 항생제가 들지 않기도 해.

또 가축들이 먹어 치우는 어마어마한 양의 곡물 때문에 오히려 사람들이 굶주리는 문제도 발생했어. 그러다 보니 같은 땅에 농사를 지어도 더 많은 수확을 거둘 수 있는 방법이 필요했지. 그렇게 해서 개발된 것이 유전자 변형 생물(GMO)이야. 유전자 변형 생물이란, 어떤 생물의 유전자에 다른 생물의 유전자를 넣어 새롭게 개발한 품종을 가리키는 거야. 대표적인 유전자 변형 생물로는 병충해에 강한 옥수수, 제초제에도 끄떡없는 콩, 갈변하지 않는 사과, 오래 보관할 수 있는 바나나, 엄청 빨리 자라는 슈퍼 연어, 우유가 펑펑 나오는 젖소 등 우리가 먹는 음식에서도 쉽게 찾아볼 수 있어. 이러한 유전자 변형 생물은 수확의 효율성과 보존 기간을 늘리는 데 한몫했을 뿐만 아니라 의약품을 개발하고 토양 오염을 정화하는 데에도 사용됐어.

하지만 유전자 변형 생물 역시 문제점을 가지고 있단다. 유전자 변형 생물로 만든 식품들이 겉보기에는 더 품질이 좋고 싱싱해 보일지 몰라도 그것을 섭취했을 때 질병이나 기형아 출산을 유발할 가능성이 높아질 수도 있거든. 더 무서운 건 유전자 변형 생물의 영향이 장기적으로 어떻게 나타날지는 아직

아무도 모른다는 사실이야.

그래도 희망적인 건, 사람들이 이제 조금씩 깨달아 가고 있다는 거야. 건강한 삶을 살기 위해서는 우리가 먹는 동물과 식물들도 건강하게 살아야 한다는 것을 말이야. 그래서 동물들이 편안하게 움직이고 건강하게 생활할 수 있는 환경에서 가축을 기르고 유기농 환경에서 식물을 기르려고 노력하고 있지. 생명을 존중하는 먹거리의 바른 생산을 인증받는 시대가 비로소 찾아온 거야.

우리나라의 경우 농림축산식품부에서 높은 수준의 동물 복지 기준에 따라 소, 돼지, 닭, 오리 등의 동물을 인도적으로 사육하는 농장을 인증하고 인증 농장에서 생산되는 축산물에 동물복지 축산농장 인증 마크를 표시하는 제도를 도입했어. 이

인증 마크가 표시된 식품은 스트레스로 인한 질병이나 항생제 등 우리 몸에 유해한 물질들이 포함되어 있을 가능성이 적다는 것을 인증하는 거야.

농산물에는 생산지 표시는 물론 생산자가 어떤 방법으로 그것을 재배했는가를 표기해서 사람들이 안심하고 구입할 수 있도록 했어. 화학 비료나 농약을 사용하지 않고 재배했음을 나타내는 유기농 표시나 유전자 변형 여부에 대한 표기는 소비자들이 선별된 구입을 할 수 있도록 돕지.

이러한 인증은 동물과 식물을 먹거리 이전에 생명으로서 고유한 가치를 존중하며 길렀다는 표시이기도 해. 때문에 사람들은 이와 같은 인증 표시가 된 식품은 기꺼이 비싼 값을 지불하고서라도 구입하고자 하는 거야. 생산자의 입장에서 보더라도 동물복지 축산농장으로 인증받은 곳이나 바른 농산물을 재배하는 곳이 동물과 식물을 공장의 생산품으로만 취급을 하는 곳보다 장기적으로 더 큰 이득을 만들어 낼 수 있지. 하지만 단지 이윤을 얻기 위해서만이 아니라 사람과 동식물 모두가 존중받을 수 있는 방법이기에 선택되어야 하는 거 아닐까?

TIP
▷ 동물복지 축산농장 인증 제도

돼지 인플루엔자, 조류 인플루엔자, 광우병, 살충제 계란 등 우리의 먹거리가 더 이상 안전하지 않다는 사실이 문제시되면서 동물 복지에 대한 관심도 커지게 되었어. 식재료가 되는 동물의 건강과 사육 환경의 위생을 관리할 필요성을 인식하게 된 거지.

한국에서는 2012년 2월 동물보호법 개정을 통해 농장과 축산물을 대상으로 하는 동물복지 축산농장 인증 제도를 도입했어. 농장의 경우, 동물의 스트레스를 최소화한 사육 환경인지를 심사하고 있으며 대상이 되는 동물은 2012년 산란계, 2013년 돼지, 2014년 육계, 2015년 한·육우와 염소까지 확대되었지.

농림축산식품부는 '동물 복지 5개년 종합계획(2015~2019)'을 수립하고 해마다 더 많은 농장들이 동물복지 축산농장 인증을 받을 수 있도록 지원했어. (주)풀무원, (주)올가홀푸드와 같은 민간 기업과 생활협동조합에서도 각각의 동물 복지 인증 제도를 마련했지.

결과적으로, 동물복지 축산농장 인증 제도는 2012년 34개에서 2015년 7월, 65개로 약 두 배가량 증가했어. 하지만 지속적으로 동물 복지 인증 제도가 발전하고 그 수를 늘리기 위해서는 무엇보다 소비자들의 관심과 인식 개선이 가장 중요하단다. 먹거리에 불과할 뿐이라는 생각을 버리고 좋은 환경에서 건강하게 자라야 할 권리가 있는 소중한 생명이라고 여기는 마음을 가질 때 비로소 동물 복지의 진정한 가치가 빛을 발하게 될 거야.

존중받아야 할 동물

동물 복지에 관한 것이라면 먹거리 문제 말고도 생각해 볼 거리가 많아. 동물은 우리에게 먹을 것을 제공할 뿐만 아니라 다른 여러 가지 혜택을 만들어 주기 때문이야.

먼저, 모피 생산 과정에서 이루어지는 동물 학대 문제에 대해 이야기해 보자. 각종 동물의 모피가 부의 상징으로 여겨지면서 모피를 원하는 사람들이 늘어나자 동물을 사냥하는 것만으로는 충분한 모피를 공급하기 어려워졌어. 그래서 모피를 얻을 수 있는 동물들을 사육하기 시작했어. 모피 동물을 좁은 철창에 가둬 놓고 살만 찌우게 했지. 그리고 상태가 좋은 털을 얻으려고 살아 있는 채로 가죽을 벗겼어. 거위나 오리, 토끼 같은 경우는 털이 뜯긴 맨살에서 다시 털이 자라면 또 털이 뜯기는 고통을 겪어야 했지. 그런데 모피 코트 한 벌을 만들려면 밍크는 50여 마리에서 많게는 100여 마리, 여우는 10여 마리에서 수십 마리가 필요하다고 해. 얼마나 많은 동물들이 희생되고 있는지 짐작이 가니?

동물들의 이런 고통을 알고서도 모피를 입을 수 있을까? 그래서 동물 학대에 반대하는 디자이너들은 앞장서서 비건 패션을 제안하고 있어. 그들은 동물의 털과 가죽이 아닌 대체 원료를 사용해 모양이나 기능 면에서도 유사한 상품을 만들어 내고 있지. 예를 들어 오리털과 거위털을 대체하기 위해 개발된 '웰론' 소재나 닥나무를 가공해서 만든 닥나무 솜과 같이 천연 식물성 소재로 만든 제품 등이 있단다. 전 세계 유명 브랜드들이 비건 패션 운동에 참여하고 있다는데, 올 겨울에는 우리도 오리털이 들어간 패딩이나 모피 대신 비건 패션 제품을 입어 보는 게 어떨까?

다음으로, 동물 실험에 대해 이야기해 보자. 20세기에 들어서면서 각종 의약품 개발이 활발히 이루어져 많은 질병의 치료가 가능해졌고 그에 따라 사람의 수명도 길어졌지. 하지만 새로운 의약품에 대한 기대와 함께 안전성에 대한 고민도 그만큼 깊어졌어.

과학자들은 동물을 이용해 안전성에 대한 고민을 해결하고자 했어. 각종 백신과 항생제, 치료제를 개발하는 과정에서 동물 실험을 활용한 거야. 물론 동물 실험을 통해 수많은 사람들이 소아마비, 결핵, 풍진, 홍역 같은 질병으로부터 목숨을 건질

수 있었고 치료가 불가능하다고 여겼던 질병도 치료할 수 있는 길이 열렸지. 하지만 이 과정에서 많은 실험동물들이 병에 걸리고 목숨을 잃었어. 그래서 아예 인간의 질병을 갖고 태어나는 실험동물들까지 만들게 된 거야.

다행히 요즘은 인체 조직 공학, 줄기세포 기술, 컴퓨터 모델링 등 동물 실험을 대체할 수 있는 기술이 등장해 예전보다 동물 실험을 줄일 수 있게 되었어. 또, 화장품이나 생활용품을 만드는 과정에서도 동물 실험을 줄이고 있으며 실험 절차나 사육 환경도 개선해 나가고 있지.

그렇다고 동물을 그저 사람을 위한 도구로 여기는 생각이 완전히 사라진 것은 아니야. 동물원을 떠올려 보자. 아마 생각만 해도 신나는 기분이 들 거야. 그런데 과연 동물들도 우리처럼 생각할까? 더운 곳에서 온 동물들은 겨울이 힘들고 추운 곳에서 온 동물들은 여름이 힘들 거야. 넓디넓은 초원에서 뛰놀거나 광활한 바다에서 헤엄쳐야 하는 동물들은 좁은 우리에 갇혀 고향을 그리워할지도 몰라.

2018년 10월, 우리나라에 남아 있는 마지막 북극곰 통키가 세상을 떠났어. 통키는 더운 여름을 지내며 고통스러워하는 모습이 보도되면서 많은 사람들에게 알려졌지. 통키가 지내는 사육장에 에어컨과 그늘막을 설치하고 풍부한 물을 공급해 주었지만 북극에 살던 통키가 더위를 이겨 내기에는 그야말로 역부족이었어. 통키의 털에는 초록 이끼가 끼었고, 더위에 지쳐 고개를 계속 끄덕이는 정형 행동이 이어졌지. 정형 행동은 극심한 스트레스와 오랜 고통 때문에 생기는 건데, 동물원을 벗어나 다시 자연으로 돌아가도 쉽게 사라지지 않는다고 해. 이런 통키를 보면서 많은 사람들이 충격에 빠졌단다.

통키가 세상을 떠난 지 얼마 지나지 않아, 2019년에는 전주 동물원에서 살던 코끼리 코돌이가 세상을 떠났어. 베트남에서 태어난 코돌이는 어릴 때 어미 코끼리와 헤어지고 한국으로 오게 되었지. 그런데 동물원 환경은 코돌이에게 적합하지 않았어. 코끼리는 원래 무리를 지어 온종일 걸으며 생활하는 동물이야. 폭신한 흙과 풀을 밟으며 걷기 때문에 코끼리의 두 다리와 발은 아주 튼튼하지. 하지만 동물원에 사는 코끼리들은 좁은 공간에 갇혀 운동은커녕 마음껏 걷지도 못하고, 겨울이면 추위를 피해 실내로 들어와 딱딱한 시멘트 바닥에서 지내기 때문에 발이 망가지고 관절염에 시달리는 경우가 많아.

코돌이도 마찬가지였어. 망가진 발과 다리로 무거운 몸을 지탱하지 못하고 여러 차례 고통을 호소하며 쓰러졌지. 쓰러진 코돌이를 크레인까지 동원해 일으켜 세우기도 했지만 결국 코돌이는 차가운 시멘트 바닥에 쓰러져 다시는 일어나지 못했어.

동물원 우리 안에 수용되어 있는 동물뿐만이 아니라 풀어놓은 동물들의 수난도 심각해. 최근 체험형 동물원이 유행하면서 관람객이 동물들에게 사료를 주거나 만져 볼 수 있게 하는 곳이 많아졌어. 하지만 관람객들이 아무거나 먹이로 주거나 함부로 만지고 괴롭히는 통에 이곳에 있는 동물들이 받는 스트레스도 만만치 않아.

사람 밑에서 훈련을 잘 받은 것 같은 동물들이 나오는 동물 쇼도 마찬가지야. 이런 동물들은 아주 어릴 때부터 가족과 강제로 떨어져 가혹한 훈련을 받아. 재주를 가르치기 위해 날카로운 쇠꼬챙이나 전기 충격기, 채찍 같은 도구를 이용해 고통을 주고, 굶기거나 불로 지지는 등 끔찍한 학대를 하지. 이 과정에서 많은 동물들은 부상을 입게 되고 심한 경우 죽기도 해.

예를 들어 코끼리의 경우 조련사가 뾰족한 쇠꼬챙이로 코끼리의 온몸을 찔러 대며 고통을 주기도 한다고 해. 특히 코끼리의 귀 뒤나 얼굴, 다리 뒤쪽처럼 아픔을 크게 느끼는 부위를 마구 찌르는 거지. 그러다 보면 피부가 찢기거나 구멍이 나기도 하는 거야. 이런 고통을 계속 당한 코끼리는 어느새 조련사의 쇠꼬챙이만 봐도 말을 듣게 되는 거지.

수족관의 돌고래들도 마찬가지야. 원래 돌고래는 초음파를 내보내고, 반사되는 초음파를 통해 자신의 앞에 물체가 있는지 인식하기도 하고 다른 돌고래와 대화를 나누기도 하는 아주 똑똑한 동물이야. 그런데 수족관에는 초음파를 내보내도 초음파가 멀리 퍼져 나가지 못하고 수족관의 유리 벽에 부딪혀 사방에서 다시 튕겨져 돌아오니 수족관에 사는 돌고래들은 늘 이명에 시달리지. 또, 돌고래는 지능이 높고 사회성이 발달되어 있는데, 단체로 훈련을 하는 경우 한 마리만 동작을 틀려도 모두에게 먹이를 주지 않는 방식으로 훈련을 해 극심한 스트레스를 받기도 해.

편하게 눈앞에서 볼 수 있다는 이유로 전혀 다른 환경에 사는 동물들을 꼭 동물원에 데려와야 할까? 동물 친구들이라면

서 그 친구들이 시멘트 바닥에서 고통스럽게 지내도록 두어도 정말 괜찮은 걸까?

　동물들을 적합하지 않은 환경에 가두어 두는 것은 보호가 아니라 학대라며 동물원을 반대하는 사람들이 늘고 있어. 이들은 사람들의 호기심 충족과 잠깐의 즐거움을 위해 동물들을 고통받게 하는 동물원은 사라져야 한다고 주장하지.

　물론 동물원을 좋아하고 동물원이 꼭 필요하다고 생각하는 사람들도 많아. 그들은 동물원이 있어야 동물에 대한 지식을 얻고, 직접 동물을 보고 체험함으로써 인간과 동물이 더불어 살아가는 법을 배울 수 있다고 주장해. 멸종 위기에 처한 동물

들을 보호하고 번식시키는 동물원의 역할을 높이 평가하지.

 어떤 게 맞고 어떤 게 틀렸다고 할 수는 없어. 다만 우리가 즐거운 만큼 동물들도 안전하고 행복한 삶을 누릴 권리가 있다는 걸 말해 주고 싶어. 그렇다면 이제 사람과 동물, 모두가 존중받는 행복한 동물원을 만들 수는 없는건지 함께 고민해 봐야 할 때가 아닐까?

 마지막으로 반려동물에 대해 이야기해 보자. 요즘엔 반려동물을 키우는 사람들이 아주 많아. 개나 고양이뿐만 아니라 새, 거북이, 햄스터, 뱀 등 그 종류도 정말 다양하지. 반려동물은 가족처럼 함께 살아가며 우리에게 위안을 주고 정서적으로 의지할 수 있는 존재야. 동시에 아기와 같이 우리가 키우고 돌봐야 하는 존재이기도 해.

 그런데 이런 반려동물을 병들었다는 이유로, 혹은 귀찮아졌다는 이유로 버리는 사람들이 있어. 심한 경우에는 반려동물을 분풀이 대상으로 삼고 괴롭히거나 죽이는 사람들도 있지. 말 못 하는 동물을 상대로 범죄를 저지르는 거야. 이런 사람들은 반려동물을 소중한 생명으로 존중하는 것이 아니라 그저 장식품이나 장난감 정도로 여기는 거야.

 이처럼 반려동물들이 함부로 버려지거나 학대받는 것을 막기 위해 국가에서는 '반려동물 등록제'라는 것을 실시하고 있어. 사람에게 주민 등록증이 있는 것처럼 반려동물에게도 등록증을 발급하는 거지. 하지만 여전히 많은 동물들이 이유없이 학대받거나 버려지고 있어. 버려진 동물들이 운 좋게 구조된다고 해도 동물 보호소에서 임시로 보호하다 기간 내에 입양이 되지 않으면 안락사를 시켜야 해. 동물 보호소에서 감당할 수 있는 개체 수는 한정적인데 버려지는 동물들은 늘어나니까 어쩔 수 없는 선택인 거야. 너무 안타까운 일이지. 하물며 구조되지 못한 동물들은 어떻겠니? 불법으로 거래가 되거나 도축이 되기도 한다는구나. 다행히 버려진 동물들이 안락사 되거나 불법으로 거래되는 것을 막기 위해 유기 동물을 입양하는 사람들이 나날이 늘고 있다고 해.

하지만 상업적인 목적으로 입양을 주선하는 곳에서도 동물 학대가 일어나고 있어. 사람들이 주로 찾는, 잘생기고 혈통 좋은 동물들을 우리에 가두어 놓고 새끼만 낳게 하는 거야. 동물을 돈 주고 사고파는 행위만큼이나 비윤리적인 일인 거지. 우리가 반려동물을 겉모습으로 차별하지 않고 저마다의 특성을 가진 소중한 생명으로서 그들을 존중할 수 있어야만 이런 불합리한 일들을 막을 수 있단다.

TIP
▶ 고통을 가하는 동물 실험

동물 실험은 의약품뿐만이 아니라 화장품이나 세제 같은 생활용품의 안전성을 확인하는 과정에서도 흔히 행해지고 있어. 인체에 직접 닿는 제품들이 안전한지 동물에게 먼저 실험을 해 확인하는 거지.

동물 실험은 인간에게는 이로울지 모르나 동물에게는 무척 고통스러운 일이야. 실험을 위해 실험동물의 몸을 훼손하고 일부러 염증이나 궤양을 일으키기도 하고 유해한 약물을 억지로 투여해 뇌와 장기를 망가뜨리기도 하거든. 세제나 화장품 같은 화학 물질을 동물의 눈 또는 피부에 바르거나 몸속에 넣기도 하지. 이런 실험들을 통해 사람이 사용할 때 부작용은 없는지, 어느 정도의 양을 사용해야 안전한지 등 새로운 약물이나 화학 물질에 대한 정보를 얻는 거야.

하지만 동물과 인간은 다르기 때문에 동물 실험 결과를 그대로 인간에게 적용할 수 없다고 주장하는 과학자들도 있어. 실제로 1957년 독일에서 탈리도마이드라는 입덧 치료제가 나왔을 때 제약 회사는 이 약이 동물 실험에서 부작용이 전혀 나타나지 않은 안전한 약이라고 광고했어. 그런데 탈리도마이드가 시판되고 난 뒤 이상한 일이 일어났어. 제대로 발달되지 못하고 물갈퀴처럼 생긴 손발을 가진 아이들이 잇따라 태어난 거야. 동물 실험 결과를 완전히 신뢰할 수만은 없다는 걸 보여 주는 사건이었어.

그러나 이후에도 여전히 동물 실험은 진행되고 있어. 그래서 과학자들은 동물을 이용하여 실험을 해야 한다면 생명 윤리에 대한 규정을 동물에게도 적용하여 다음과 같은 윤리적 동물 실험의 원칙을 정했지.

<동물 실험의 원칙>
1. 동물 실험은 인류의 복지 증진과 동물 생명의 존엄성을 고려하여 실시해야 해요.
2. 동물 실험을 대신할 수 있는 다른 방법이 있는지 충분히 알아봐야 해요.
3. 동물 실험은 실험동물의 윤리적 취급과 과학적 사용에 관한 지식과 경험을 가진 사람이 해야 하며 최소한의 동물을 사용해야 해요.
4. 고통스러운 실험의 경우 감각 능력이 낮은 동물을 사용하고 진정, 마취제 등 고통을 덜어 주기 위한 적절한 조치를 해야 해요.

환경 보호가 아닌 환경 존중

지구는 누가 시키지 않아도, 가르쳐 주지 않아도 자기 안의 모든 것들을 존중하지. 수많은 생명들이 살아갈 수 있는 환경을 만들고 있으니까 말이야. 지진이나 해일 같은 자연재해는 생명을 존중하는 것 같지 않다고? 이런 강력한 움직임은 지구의 자정작용*으로 지구가 살아 있다는 증거로 봐야 해.

진짜 문제는 자연과 더불어 살아온 많은 생명들 가운데 유독 욕심을 부리는 존재인 사람이야. 사람은 늘 더불어 사는 데 필요한 약간의 희생과 불편함보다는 자신만의 소유와 편리함을 선택해. 멋진 풍광을 자신의 것으로 만들기 위해 산을 깎고 나무를 베고, 빠른 속도와 편리함을 위해 산을 뚫고 강과 바다에 길을 내고 하늘을 날아다니기까지 해. 정말로 슈퍼맨이 되고 있는 거야. 뿐만 아니라 음식을 오랫동안 저장하기 위해 썩지 않는 소재의 용기와 약품들을 개발하고 당장 원하는 것이 아니라

* **자정작용** 오염된 물이나 땅 따위가 저절로 깨끗해지는 작용

면 다른 생명들이 죽어 가는 것에는 아랑곳하지 않았어.

하지만 머리 좋은 인간이 미처 생각하지 못한 것이 있었어. 인간이 무시한 많은 것들이 결국 인류의 미래와 관련이 있다는 것 말이야. 환경이 오염되고 기후가 변해가면서 지구는 점차 사람이 살기에는 적합하지 않은 상태가 되어 가고 있거든.

인간이 발명한 것들 중 최악의 것이 플라스틱이라고 해. 플라스틱은 쉽게 가공할 수 있고 절대로 상하지 않아서 식품 포장재에서 장난감, 학용품, 농기구, 산업 용품, 의료 기구에 이르기까지 우리 생활에 쓰이는 대부분의 물건들을 만드는 재료로 사용되고 있지. 그런데 이러한 플라스틱들은 버려도 썩지를 않아서 떠도는 쓰레기가 되어 지구에 사는 모든 생명체들의 안전을 크게 위협하고 있단다.

플라스틱 쓰레기는 그대로 바다로 흘러들어 거대한 쓰레기 섬을 만들고 있어. 그리고 이 플라스틱 섬은 시간이 흐르며 점점 더 커지고 있지. 이대로 둔다면 머지않아 바다 전체가 플라스틱 쓰레기로 뒤덮일지도 몰라. 더 무서운 건 우리가 버린 쓰레기였던 플라스틱이 먹이사슬을 타고 다시 우리에게 돌아온다는 사실이야. 플라스틱의 미세한 입자가 동식물에 흡수되고 그것이 음식을 통해 다시 우리 몸에 들어오는 거지.

플라스틱만이 문제가 되는 건 아니야. 세제를 쓰고, 무기를 만들고, 건물을 짓고, 에너지를 쓰기 위해 사용된 오염 물질과 독극물들을 땅과 바다에 그대로 버리는 등 인간의 편의를 위한 대부분의 행동이 지구 환경을 훼손하고 있어. 사람이 자연으로부터 얻을 수 있는 것보다 더 많은 것을 가지려고 하면서 생태계의 균형을 깨뜨리고 있는 거지. 미세 먼지, 물 부족, 방사능 오염, 지구 온난화 등의 현상들은 무분별한 개발로 인해 생긴 위험 요인들이야. 최근 들어 더 자주 나타나고 있는 산사태, 산불, 싱크홀과 같은 자연재해는 이러한 위험 요인들을 없애고 싶은 지구의 몸부림일 수 있어.

지구의 신호에 경각심을 느낀 사람들은 꽤 오래전부터 환경 보호를 외쳤어. 그들은 사람들이 자연을 훼손하는 행동들을 멈추고 보존하려는 노력을 시작해야만 우리에게 되돌아올 위험을 최소화시킬 수 있다고 주장하지.

물론 우리가 분리수거를 하고, 개발에 제한을 두고, 환경을 오염시킬 만한 물질의 배출을 금지하는 등 많은 노력을 하고 있는 것도 사실이야. 하지만 그 안을 자세히 들여다보면 우리가 말하는 환경 보호라는 것에는 아직도 인간이 중심이란 착각이 자리 잡고 있어. 만물의 영장인 사람만이 지구 환경을 변화시킬 수도, 지킬 수도 있다고 생각하는 거지.

　미국의 생태학자인 알도 레오폴드가 쓴 수필집 《모래 군의 열두 달》(1949)에는 〈산처럼 생각하기〉라는 글이 있어. 이 글에는 작가가 죽어 가는 늑대의 눈빛을 보고 깨달은 자연의 위대함이 쓰여 있지. 그는 늑대 사냥에서 총으로 쏘아 맞힌 늑대를 거두러 갔어. 커다란 늑대를 명중시키고 나서 얼마나 의기양양했겠어? 그런데 막상 다가가 총 맞은 늑대의 꺼져 가는 눈빛을 보니 그 속에서 무언가 다른 게 보이는 거야. 오만한 인간은 알 수 없는, 오직 늑대와 산만이 아는 무언가가 있다는 것을 깨달은 거지.

　자연을 인간과 분리하고 단지 인간의 필요를 충족시키기 위한 수단으로만 생각하는 관점으로는 절대 이해할 수 없는 이야기야. 산은 함께한 모든 생명을 보듬고 수만 년을 살아온 존재야. 그래서 산은 늑대도, 늑대를 사냥하는 사람도, 그들의 조상이 생겨나기 훨씬 전부터 그들을 지켜봐 왔지. 산이 살아온 시간에 비하면 찰나의 시간도 살지 못하는 게 인간인데, 자연 앞에서는 오만함을 버려야 하지 않을까?

　우리가 환경 오염을 막기 위한 행동을 할 때 그 밑바탕에 깔린 생각을 조금 다르게 할 필요가 있어. 인간 중심이 아닌 생태계 전체의 관점으로 바라보는 거지. 각종 오염과 기후 변화로 위기에 처한 환경을 지키려면 지구처럼 생각할 수 있어야 해. 40억 년을 넘게 살아온 지구는 땅과 바다와 모든 생명들을 품어 왔기 때문에 욕심부리지 않고 오만하지 않으며 살아 있는 모든 것들의 이야기를 듣고 그들의 삶을 존중할 줄 알지. 그러니까 지구 전체를 지구처럼 큰 마음으로 생각하고 존중하는 것, 그것이 곧 우리의 가까운 미래를 존중하는 것이란다.

4. 탄생과 죽음을 존중해!

존중받아야 할 탄생 · 과학 기술은 만병통치약? · 존엄한 죽음

존중받아야 할 **탄생**

모든 생명은 삶의 매 순간을 존중받아야 한단다. 이 지구상에 존재하는 모든 것들은 태어난 그 자체가 축복이고, 어떠한 삶을 살더라도 가치가 있으며 생을 마감하는 것 역시 태어난 것만큼이나 의미가 있기 때문이야.

어느 한 사람의 자리는 그 사람이 태어나기 훨씬 이전부터 만들어진다고 해. 무슨 말인지 이해가 잘 되지 않는다고? 백설공주 이야기를 예로 들어 볼게.

공주에 대한 이야기는 그녀가 태어나기 전부터 만들어진 거야. 눈이 펑펑 오는 날 바느질을 하다 바늘에 손가락이 찔린 왕비가 창틀에 쌓인 눈에 떨어진 자신의 빨간 핏방울을 보며 "눈처럼 하얀 피부에 빨간 입술을 가진 아기를 낳고 싶어요."라고 말한 그 순간 왕궁에는 백설공주의 자리가 생겨난 거지.

너는 어떠니? 네가 태어나기도 전부터 너의 자리는 너에 대한 이야기들로 가득 채워졌을 거야. "당신 눈동자를 닮은 아기를 갖고 싶어." "우리 아이에게 정말로 좋은 부모가 될 거야!"

하는 이야기들이 엄마랑 아빠 사이에서 오갔을지도 몰라.

부모는 아기의 탄생을 축복이라 여기기 때문에 아기에 대한 이야기에 기대와 희망을 담아. 그래서 우리의 자리는 태어나기 전부터 귀하고 소중하게 대접받지.

하지만 모든 아기들이 축복 속에서 태어나지는 않는단다. 원하지 않는 임신을 해서, 남자아이가 아니라서, 건강한 모습이 아니라서 출산을 거부하는 경우도 있어. 게다가 산모가 건강하지 않거나 출산이 아이나 산모의 생명에 지장을 줄 수 있다면 임신을 중단하기도 하지.

임신 중 배 속 태아를 제거하는 일을 '낙태'라고 하는데, 최근 우리 사회에서 낙태에 대한 찬반 논쟁이 끊임없이 이어지고 있어. 얼마 전에 우리나라에서 낙태한 여성과 이를 도운 의사를 처벌해야 한다는 형법 조항이 헌법에 불합치하다는 판결이 내려졌어. 즉, 헌법에 맞지 않다는 의미지. 이에 따라 낙태에 대한 찬반 논쟁은 더욱 거세게 일어났어. 한쪽에서는 이번 헌법재판소의 결정과 같이 낙태는 헌법에 위배되지 않는다고 주장했고, 다른 한쪽에서는 태아 역시 생명권을 보장받아야 하는 주체라고 주장했어. 여기에는 여러 가지 생각과 신념들이 맞서고 있단다.

가장 기본적인 생각의 차이는 출산 전의 태아를 생명으로 볼 수 있는지 없는지의 차이야. 낙태에 찬성하는 사람들은 태아가 연속적인 발달 과정에 있기 때문에 출생한 아기와는 근본적인 차이가 있다고 봐. 특히 낙태가 허용되는 임신 초기는 뇌와 주요 장기들이 이제 막 만들어지기 시작하는 단계이니 더욱 그렇다는 거야. 한마디로 태아를 사람으로 보기에는 무리가 있다는 거지.

하지만 낙태에 반대하는 사람들은 태아 역시 생명이라고 주장해. 그래서 태아의 의지와 상관없이 이루어지는 낙태가 소중한 생명을 빼앗는 행위라고 생각하는 거야. 더구나 우리나라에서는 전통적으로 출산 전의 태아도 소중한 생명으로 생각했어. 그렇기 때문에 임신을 위한 준비 단계에서부터 임신 이후 임신부의 행동거지를 조심시켰고, 사람으로서의 기본 성품이 태아기 때부터 만들어진다고 여기며 태교를 중요하게 생각했어. 그래서 우리나라는 아기가 태어나자마자 한 살로 쳐서 계산했지.(2023년 6월 28일부터는 '만 나이 통일법'으로 출생일 기준 0세로 바뀌었어.) 반대로 태아기를 덜 중요하게 보는 문화권에서는 출생 후부터 삶이 시작되는 것이라 보고 첫 번째 생일을 맞았을 때를 한 살이 된다고 하는 거지.

두 번째는 태어날 아기의 운명을 다른 사람이 결정할 수 있는지 없는지의 문제를 두고 의견의 차이를 보여. 생명이 죽고 사는 것이 사람의 의지가 아니라 신의 뜻에 있다고 믿는 종교적 신념을 가진 사람들은 낙태가 죄를 짓는 것이라 생각해 낙태를 반대하지. 반대로 낙태를 찬성하는 사람들은 배 속에 있는 아기의 운명을 결정할 수 있는 권리는 오로지 부모, 특히 아기를 임신한 여성에게 있다고 주장해. 태아의 성장은 전적으로 임신한 여성에게 달려 있기 때문에 태아의 생명 결정권 역시 여성의 권리이며 낙태를 불법으로 규정하는 것은 자유를 침해하는 행위라고 생각하는 거지.

세 번째는 윤리적인 문제와 관계되어 있어. 어떻게 사는 것이 더 행복한가, 어떤 삶이 더 가치 있는가에 따라 삶과 죽음을 결정하는 거야. 물론 이 결정은 쉽지 않아. 예를 들어 보자. 곧 세상에 나와야 할 아이가 심각한 장애나 병을 가지고 태어날 수밖에 없다면 아이를 위해서 부모는 어떤 선택을 해야 할까? 낙태를 찬성하는 사람들은 부모가 원하지 않는다면 임신을 중단한다고 하더라도 부모의 선택에 맡겨야 한다고 생각해. 하지만 낙태를 반대하는 사람들은 태어날 아이의 삶의 가치를 부모가 결정해서는 안 된다고 주장하지. 몸이 아프더라도 아이의 인생은 충분히 살아 낼 가치가 있다는 거야.

　보다시피 쟁점이 되는 어느 한 가지도 딱 떨어지는 정답을 얻을 수 없어. 그럼에도 여기서 우리가 꼭 알아야 할 것은 생명, 그리고 탄생은 반드시 축복받아야 한다는 거야. 이제 막 세상에 나온 생명을 귀하게 여길 줄 아는 마음이 곧 나 자신과 다른 사람을 하나의 소중한 생명으로서 존중하는 마음이 될 테니까. 그리고 우리 모두가 고귀한 탄생의 순간을 거쳐 지금 존재한다는 것을 기억한다면 누군가의 삶의 가치를 함부로 평가할 수는 없을 거야. 깨진 보도블록 사이에서 피어난 꽃이 곧 누군가의 발에 밟힌다 해도 씨앗부터 뿌리, 줄기, 잎사귀, 꽃봉오리까지 만들어 낸 그 꽃을 아름답지 않다고 할 수는 없으니까 말이야.

과학 기술은 만병통치약?

옛날 중국의 진시황이, 먹으면 늙지도 않고 오래 살 수 있게 한다는 약초인 불로초를 찾아오라고 수천 명의 신하들을 내보냈다는 이야기는 너무나 유명하지. 젊음을 유지하고 싶은 인간의 욕망은 먼 옛날부터 동서양을 가리지 않았어. 히브리인과 시리아인들은 젊은이의 피를 마시거나 그 피로 목욕을 했다고 전해지며 15세기 교황 이노센티우스 8세는 죽기 직전에 소년 세 명의 피를 수혈했다는 기록도 있지.

젊음에 대한 욕망은 지금까지도 계속 이어지고 있어. 노화를 막는다는 뜻을 가진 '안티에이징(Anti-aging)'이라는 용어는 현대 사회의 핵심어라 해도 과언이 아니야. 의약품과 의학적 시술에서부터 화장품과 식품에 이르기까지, 안티에이징 성분이 들어 있다거나 안티에이징 효과가 있다고 하면 엄청난 소비가 이루어지지.

안티에이징과 관련해 가장 흔히 들을 수 있는 단어가 바로 '줄기세포'일 거야. 줄기세포란 아직 분화되지 않은 세포를 일컫는 말로, 반복적인 세포 분열을 통해 다른 종류의 분화 세포로 발달할 수 있어. 그중 배아 줄기세포는 어떠한 유형의 세포로도 분화할 수 있는 능력을 갖고 있는 만능 줄기세포야. 이 세포를 배양°하여 우리 몸의 손상된 기관이나 질병을 치료하고 노화를 막을 수 있어. 물론 줄기세포 화장품과 같은 노화 방지 제품들에는 실제로 줄기세포가 들어 있는 것이 아니라 줄기세포 배양액이 들어 있는 거야. 살아 있는 줄기세포를 넣는다면 그대로 죽어 버려 '줄기세포 시체 화장품'이 되고 말 테니까.

실제로 배아 줄기세포를 얻기 위해서는 사람의 난자를 이용해. 이때 윤리적인 문제가 발생할 수 있어. 난자는 정자와 수정하여 태아가 되는 건데 난자를 모아 그것으로 실험을 한다는 것은 생명으로 자랄 기회를 없애 버리거나 생명으로 실험을 하는 것과 마찬가지인 거야. 게다가 난자를 돈으로 사고파는 행위는 생명을 물건 취급하는 것이나 다름없는 일이지.

줄기세포는 장기 이식의 문제로도 이어질 수 있어. 그동안 장기 이식은 질병이나 사고로 인해 뇌사 상태에 빠진 사람들

● **배양** 인공적인 환경을 만들어 동식물 세포와 조직의 일부나 미생물 따위를 가꾸어 기름

이 본인의 기증 의사와 가족의 동의를 거쳐 이루어졌어. 하지만 장기를 기증하는 사람에 비해 기다리고 있는 사람이 훨씬 많은 것이 늘 문제이지. 이러한 문제를 해결하기 위해 돼지에게 사람의 줄기세포를 넣어 이식용 장기를 만드는 연구가 이루어지고 있어. 2018년 독일 뮌헨대학교 연구팀은 개코원숭이에게 돼지 심장을 이식하는 데 성공해 사람을 대상으로도 성공할 수 있는 가능성을 얻었지.

  돼지로부터 이식용 장기를 얻는 과정은 다음과 같아. 먼저 면역이 결핍된 돼지의 배아*에 사람의 줄기세포를 주입해. 그 돼지에게서 얻은 수정란을 다시 돼지 대리모**에게 이식하는데, 만약 대리모가 낳은 돼지가 면역 세포를 가지고 태어난다면 사람과 같은 면역 체계를 가진 돼지가 되는 거야. 그럼 이 돼지의 장기를 사람에게 이식할 수 있는 거지. 이때 수정란이나 난자를 사용하지 않은 유도만능줄기세포를 사용하기 때문에 윤리적으로 문제가 되지 않는다고 생각할 수도 있어. 하지만 장기를 얻기까지 희생되는 많은 돼지들을 떠올려 보면 그렇게 쉽게 생각할 문제는 아닐 거야.

● **배아** 수정란이 세포 분열을 시작하여 태아가 되기 전 단계
●● **대리모** 수정란을 이식받아 출산을 대신해 주는 암컷

장기 이식의 문제도 다른 문제와 마찬가지로 복잡한 신념과 생각들이 얽혀 있어. 윤리적인 문제를 어디까지 적용시킬 수 있는 걸까? 2017년 노벨문학상을 수상한 영국 소설가 가즈오 이시구로의 소설 《나를 보내지 마》는 장기 이식을 위해 살아야 하는 복제 인간의 이야기로 생명의 존엄성을 다루고 있어. 우리가 태어난 이유가 오직 다른 사람에게 우리의 모든 장기를 이식해 주기 위해서라고 생각해 봐. 상상만으로도 온몸에 소름이 돋지 않니?

생명의 존엄성은 인간에게만 해당되는 게 아니야. 인간의 세포를 주입받고 장기를 이식하기 위해 길러진 동물과 인간의 편의를 위해 실험대에 오른 동물들의 생명이 가진 존엄성 역시 생각할 필요가 있단다.

자연의 섭리를 거스르는 일이 일어나려면 그만큼의 대가를 지불해야 해. 이것이 바로 연금술에서 말하는 등가교환의 법칙이자 에너지 보존의 법칙이야. 노화를 막고 생명을 연장하는 것 또한 흐르는 시간을 붙잡으려는 인간의 욕심인 것이지. 그래서 응당한 대가를 지불해야 하는 거야. 그런데 그 대가가 다른 생명의 죽음일 때도 긍정적으로 볼 수 있을까? 그 판단은 너희에게 맡길게.

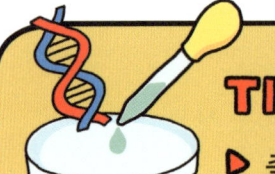

TIP
▶ 줄기세포의 희망을 저버린 비윤리적 연구

왜 사람들은 '줄기세포'라는 말에 현혹되는 걸까? 아마도 이 말에 담겨 있는 희망 때문일 거야. 줄기세포 연구는 인간의 세포를 복제해서 얻어 낸 배아 줄기세포로 사람의 몸에 병든 기관이나 조직들을 재생시켜 그동안 치료할 수 없었던 병들로부터 생명을 구할 수 있다는 희망을 가지고 있지.

2004년 한국의 황우석 박사와 연구팀들이 저명한 과학 학술지인 〈사이언스〉에 세계 최초로 사람의 난자를 이용하여 체세포를 복제하고 배아 줄기세포를 얻어 내는 데 성공했다는 논문을 발표해 전 세계를 놀라게 했지. 2005년에는 실제로 '스너피'라는 복제 개를 탄생시켰다고 발표했어. 사람들은 생명 연장의 꿈을 실현할 수 있게 되었다며 희망에 부풀었지. 그런데 황우석 박사팀이 사람의 난자를 얻어 내는 과정에서 비윤리적인 방법을 사용했으며 연구 결과도 조작되었다는 것이 밝혀졌어. 뿐만 아니라 연구비를 횡령하는 등 수많은 문제가 드러났지. 결국 〈사이언스〉는 게재된 이들의 논문을 철회했어.

황우석 박사의 줄기세포 연구 조작 사건을 통해 전 국민이 줄기세포에 대해 알게 되었고 연구 윤리의 중요성을 일깨워 주었지만, 많은 사람들을 혼란에 빠뜨린 수치스러운 일이었던 건 사실이야. 그렇기에 줄기세포를 운운하며 소비자들을 현혹시키는 제품들이 아직도 여기저기서 팔리고 있다는 건 매우 안타까운 일이지.

존엄한 죽음

 삶의 모든 순간이 존중받을 가치가 있다고 했던 거 기억하니? 그렇기 때문에 존엄한 탄생처럼 존엄한 죽음도 있단다. 존엄사는 병에 걸린 사람에게 최선을 다해 의학적 치료를 했음에도 회복이 불가능한 단계에 이르렀을 때 환자가 선택할 수 있어. 회복이 불가능한 단계에서 할 수 있는 치료는 더 이상 상태를 호전시킬 수 있는 것이 아니라 단순히 죽음을 뒤로 미루는 정도의 처치야. 심폐소생술이나 인공호흡기 착용 등이 여기에 포함되지. 이것을 '연명 치료'라고 하는데, 존엄사는 무의미한 연명 치료를 거부하고 품위 있게 그리고 자연스럽게 죽음을 맞이하는 거야.

 존엄사와 함께 이야기할 수 있는 것은 안락사야. 안락사는 영어로 '에우타나시아(euthanasia)'라고 하는데, 라틴어로 '좋은'을 의미하는 에우(eu)와, '죽음'을 의미하는 타나토스(thanatos)라는 말이 합쳐진 거야. 안락사 역시 불치병에 걸린 환자가 고통에서 벗어나기 위해 선택하는 죽음이야. 크게 보면 존엄사도 여기에 포함된다고 할 수 있어. 아무런 처치도 하지 않고 곧 다가올 죽음을 기다리는 행위에서부터 죽음의 직접적인 원인이 될 것을 알고도 고통을 줄이기 위해 약물을 사용하는 행위, 인위적인 방법으로 직접 병자의 생명을 끊는 행위에 이르기까지 안락사에도 여러 유형이 있어.

2002년 네덜란드가 세계 최초로 안락사를 합법화했고 그 뒤를 이어 벨기에, 룩셈부르크, 스위스, 콜롬비아, 캐나다 등이 안락사를 허용했어. 최근 포르투갈에서도 안락사 합법화가 법안으로 상정되었지. 하지만 죽음을 앞둔 사람이 고통에 찬 짧은 생보다는 편안한 죽음을 선택하겠다는 의사를 분명히 표명하지 않았는데 안락사가 시행되었다면 이건 범죄가 되는 거야.

실제로 미국에서 찰스 컬런이라는 간호사가 뉴저지주와 펜실베이니아주에 있는 열 곳의 병원에 근무하면서 환자들에게 약물을 투여하여 연쇄 살인을 저질렀어. 밝혀진 것은 40명 정도지만 실제로는 400명 정도의 환자가 살해되었을 거라 추정하고 있어.

그는 고통 속에 사는 환자들을 구원하기 위해 저지른 일이었다고 말했어. 하지만 고통스러운 삶이든 편안한 죽음이든 선택의 권리는 환자 본인에게 있는 것이기 때문에 그의 행동은 명백히 범죄인 셈이지.

　삶과 죽음의 권리를 이야기하며 빼놓을 수 없는 주제가 바로 사형 제도야. 사형은 극악무도한 범죄를 저지른 사람들에게 내리는 가장 무거운 형벌이지. 전 세계적으로 사형 제도는 폐지나 축소되는 추세야. 우리나라의 경우도 현재는 사형 선고만 내리고 사형을 집행하고 있지 않아 사실상 사형제 폐지 국가로 분류되고 있지.

　사형 제도를 반대하는 사람들은 생명이란 무조건적이고 절대적인 가치를 갖기에 범죄를 저지른 사람도 예외가 될 수 없다고 하지. 한 생명을 박탈할 권리를 인간이 가져서는 더더욱 안 되는 일이고 말이야. 반대로 사형 제도를 찬성하는 사람들은 사회의 정의를 바로잡기 위해 사형 제도는 꼭 필요하다고 하지. 이들은 공공의 안전이 흉악범의 생명보다 더 귀중하다고 생각해. 다른 사람의 생명을 앗아간 사람의 생명을 지키는 일에 대해 너는 어떻게 생각하니?

　다시 본론으로 돌아가 이야기해 보자. 그렇다면 과연 '좋은 죽음'이란 무엇일까? 암과 같이 병에 걸려 죽는 것이 그나마 나은 죽음이라고 말하는 사람들도 있어. 언제 생이 마감될지를 예측할 수 있기 때문이라는 거야. 교통사고나 재난으로 갑

자기 목숨을 잃는 경우에는 죽음을 위한 준비를 전혀 할 수 없는 반면, 말기 암 환자의 경우에는 짧은 기간이라도 지금까지 살았던 시간을 마무리하고 어떻게 죽음을 맞이할 것인지를 결정할 수 있다는 거지.

하지만 아무리 죽음을 준비할 시간이 있다고 하더라도 자신의 죽음을 받아들이는 건 결코 쉬운 일이 아닐 거야. 그래서 환자의 보호자나 주변 사람들은 고민을 하게 되지. 말기 암 환자에게 곧 나을 거라는 희망을 주는 것이 좋을까, 죽음이 임박했으니 후회 없도록 지금까지의 삶을 잘 정리해 보자고 하는 것이 좋을까 하고 말이야.

미국 포틀랜드시에는 '더기 센터'가 있어. 여기서는 자신의 죽음에 대해 미리 정확하게 말해 주었더라면 두려움과 슬픔이 덜했을 것이라고 말했던 소아암 환자 더기 토르노의 뜻을 이어 어린 암 환자들이 죽음을 준비하도록 돕고 있지. 어느 쪽이 정답이라고 할 수는 없지만 죽음을 앞둔 사람에게 자신의 죽음에 대해 알 권리를 보장해 주는 것도 어떻게 보면 그들에 대한 존중이 아닐까?

죽음을 맞이하기까지 어디서 어떻게 그 시간을 보내야 할지에 대해서도 정답이 없는 건 마찬가지야. 요양이 필요한 노인들을 한번 떠올려 보자. 우리나라만 해도 최근 들어 노인들을 위한 장기 요양 보험 혜택이 늘어 다양한 형태의 요양원과 요양 병원이 생겨나고 있고, 여기서 생활하는 노인들의 수도 늘고 있어. 주로 거동을 할 수 없거나 치매 또는 중증 질환을 앓고 있는 노인들이 이러한 시설에서 생의 마지막을 보내고 있지. 일반 가정에서는 돌보기 어려운 상태이거나 일을 해야 하는 자녀들이 가정에서 부모를 모시기 어렵기 때문이야.

하지만 병원에서 맞이하는 죽음이 꼭 당연한 것만은 아니야. 품위를 지켜 생을 마감하고자 하는 '웰다잉(Well-dying)' 문화 의식에 대한 관심이 높아지면서 '집에서 맞이하는 죽음'을 원하는 사람들도 많아지기 시작했어. 병원에서 환자복을 입고 죽는 것이 아니라 내 집에서 내 옷을 입고 가족들과 함께 편안한 죽음을 맞이하고자 하는 거지.

죽음은 언제 어떻게 찾아올지 모

르기 때문에 꼭 나 자신의 죽음이 아니더라도 가족이나 다른 사람의 죽음의 대해서 한번쯤은 생각해 볼 필요가 있단다. 죽음에 관한 생각은 우리가 지금 이 순간을 더 잘 살아갈 수 있도록 이끌어 주는 힘이 될 테니까 말이야.

5. 모든 삶을 존중해!

사람과 사람 사이의 경계 존중 · 개인 생활 존중 · 일에 대한 존중 · 나와 다른 의견 존중

사람과 사람 사이의 경계 존중

어떤 특정한 대상을 존중하는 것뿐만이 아니라 눈에 보이지는 않지만 엄연히 우리 사이에 존재하는 것들도 존중해야 해. 여기에는 관계, 역할, 이념, 생활 양식 등과 같은 추상적인 개념들이 포함된단다.

먼저, 사람과 사람 사이에서 '너'와 '나'를 구분할 수 있는 경계에 대해서 이야기해 볼까? 경계는 실제로 눈에 보이지는 않지만 개인의 영역을 구분해 주는 역할을 해. 사람과 사람 사이의 물리적 거리와 심리적 공간을 지켜 주지. 그래서 그것을 어떻게 다루느냐에 따라 좋은 관계가 유지되기도 하고 그렇지 않기도 한단다.

경계가 약해서 너무 가까워지는 것도 문제고 경계가 지나치게 강해서 너무 멀어지는 것도 문제야. 어떤 대상의 아름다움을 느낄 수 있는 최적의 거리를 '미적 거리'라고 하는데, 사람 사이에도 적당한 거리를 유지하는 것이 상대를 가장 아름답게 볼 수 있는 방법이란다.

그렇다면 먼저 몸의 경계에 대해 이야기해 볼까? 몸의 경계는 사람과 사람 사이에 지켜 주어야 하는 신체적인 공간을 말해. 보통 몸을 중심으로 양팔을 뻗어 그릴 수 있는 구를 가장 기본적인 몸의 경계로 보고 있어.

다른 사람이 자신의 경계 안쪽으로 들어오는 것을 함부로 허락해서도 안 되고 반대로 다른 사람의 경계 안으로 함부로

들어가서도 안 된단다. 반드시 동의를 구해야 하는 일이야. 친한 친구라고 해서, 가족이라고 해서, 어른이라고 해서 몸의 경계를 함부로 침범할 수 없어. 특히 학대나 폭력은 상대방의 동의 없이 마음대로 경계를 침범하는 아주 심각한 행동이란 것을 기억해야 해.

코로나19 바이러스의 전파력이 막강해서 가까운 거리에 있는 것만으로도 전염이 되는 초유의 사태가 벌어지자 전 세계 국가들이 국민들에게 '사회적 거리두기'를 촉구했지. 이것 역시 사람 사이의 경계를 존중하는 마음으로 실천해야 하는 거야. 나의 안전뿐만이 아니라 다른 사람의 안전을 위해 모임을 자제하고 불필요한 외출을 삼가는 것은 서로의 건강과 안전을 존중해 주는 거란다.

친구가 어떤 놀이를 하고 있을 때 허락도 구하지 않고 끼어들거나, 시끄럽게 떠들어 책 읽는 친구를 방해하는 것도 경계를 침범하는 행동이야. 다른 사람들이 하고 있는 대화에 불쑥 끼어드는 것 또한 경계를 침범하는 것이 될 수 있지.

경계는 또래 집단이나 가족, 사회단체 등과 같이 집단과 집단 사이에서도 만들어질 수 있어. 체육 대회에서 반 대항 경기를 할 때를 생각해 봐. 그때는 같은 반끼리 뭉쳐 하나의 집단이 되어 경계를 만들지. 하나의 집단 안에서는 서로의 역할이 경계를 만들기도 해. 부모와 자녀 사이에도, 친구 사이에도, 선생님과 학생 사이에도 어떤 단체에 소속된 회원들 사이에도 서로가 지켜야 하는 역할의 경계가 있는 거야.

사람들 사이에 만들어지는 다양한 경계들을 존중하고 함부로 침범하지 않도록 조심해야 하지만 끼리끼리 너무 철벽 경계를 만드는 것도 마냥 바람직한 건 아니란다. 융통성 없는 경계 세우기는 의도치 않았던 차별과 배제를 만들 수 있거든. 정해진 규칙이 있는 건 아니지만 서로를 존중하고 배려하는 마음이 있다면 적당한 거리를 유지하면서도 좋은 관계를 만들어 나갈 수 있을 거야.

개인 생활 존중

옛날 임금들은 변장을 하고 궁 밖으로 나가 직접 백성들의 생활 모습과 민심을 살폈다고 해. 하지만 요즘에는 그럴 필요가 전혀 없어. 컴퓨터만 켜면 여론 조사 결과가 나오고 도로와 골목길, 건물, 심지어 상점과 사무실까지도 시시 티브이(CCTV)만 설치해 놓는다면 실시간으로 시시 티브이가 설치된 공간에 있는 사람들을 볼 수 있거든.

이처럼 정보 통신의 발달로 원하는 정보를 쉽게 얻을 수도, 전달할 수도 있는 편리한 세상이 되었어. 하지만 편리함에는 언제나 부작용이 따르기 마련이야.

시시 티브이의 경우 녹화된 영상으로 뺑소니차를 잡을 수도 있고 범죄자의 동선을 파악할 수도 있어. 코로나19 바이러스와 같은 전염병이 유행할 때는 바이러스의 확산을 방지하기 위해, 확진 판정을 받은 사람들의 동선을 확인하는 과정에서 큰 도움을 주었지. 하지만 시시 티브이가 내가 가는 곳 어디에서나 나의 모든 것을 녹화하고 있다고 생각해 봐. 조금 무섭지

않니? 공공의 안전을 위해 꼭 필요한 시설물이지만 개인의 사생활을 침해할 수 있다는 점에 대해서는 생각해 볼 필요가 있어.

　사실 우리의 사생활은 인터넷을 통해서도 노출되고 있어. 해킹 프로그램으로 몰래 남을 촬영하는 범죄 행위만을 말하는 것이 아니야. 우리의 모습이 담긴 사진이나 동영상이 아니더라도 우리가 인터넷으로 검색한 정보, 구매한 상품, 친구와 주고받은 메일이나 메시지들이 모두 우리의 개인 정보인 거야. 그래서 "김땡땡 님이 좋아하는 작가가 신작을 출간했어요!" "이아무개 님에게 필요한 상품입니다!"와 같은 메시지를 받으면 깜짝 놀라게 되는 거지. 인터넷을 기반으로 사업을 하는 기업들이 이렇게 개인의 정보를 수집하여 마케팅에 활용하는 것에 있어서도 기업의 이윤을 늘리기 위한 수단으로 개인 정보를 사용한다는 비판과 소비자의 욕구를 충족시킬 수 있는 선의의 마케팅 전략이라는 주장이 팽팽하게 맞서고 있어.

　개인 정보가 정치적인 목적으로 사용되는 경우도 있어. 기업이 이윤을 창출하려는 목적보다 훨씬 더 심각할 수도 있는 문제이지. 실제로 과거 박근혜 정부 시절 '문화계 블랙리스트*'를 만들어 블랙리스트에 오른 사람들의 활동을 제재했다고 해서 논란이 된 적이 있었어. 그런 리스트가 작성될 수 있었던 것도 국가가 개인의 정보를 모으고 있었기 때문이야.

요즘은 개인 정보 보호법이 강화되어 학교를 비롯한 사회 공공 기관에서 개인의 이름과 주민 등록 번호, 사적인 기록물들을 보관하지 못하게 되어 있어. 또 이러한 정보를 사용할 때는 반드시 당사자에게 개인 정보 사용 동의서를 받아야 하지. 하지만 이렇게 법으로만 규제를 한다고 개개인의 사생활을 완벽하게 보호할 수 있을까?

법으로 규제하는 것도 중요하지만, 그 무엇보다 우리가 먼저 사생활 존중의 중요성을 인지하고 서로의 사생활을 지켜 주기 위한 노력을 실천해야 해. 에스엔에스(SNS)나 인터넷에 댓글을 달 때, 게임을 할 때도 나 자신은 물론 다른 사람의 개인 정보도 함부로 노출시키지 않도록 조심해야 한단다.

● **블랙리스트** 감시가 필요한 위험인물들의 명단

TIP
▶ 개인 생활 침해 예방

　고도로 정보화되어 있는 현대 사회에서는 개인 정보가 쉽게 유출될 수 있어서 그로 인해 피해를 입을 수 있어. 그래서 국가에서는 개인 정보 보호법을 제정하여 국민의 권리와 이익을 증진하고, 개인의 존엄과 가치를 구현하고자 했어. 개인 정보 보호법은 2011년 3월 29일에 제정된 법으로, 당사자의 동의 없이 개인 정보를 수집 및 활용하거나 제3자에게 제공하는 것을 금지하는 등의 내용을 담고 있어. '개인 정보'란 살아 있는 개인에 대한 정보로서 이름, 주민 등록 번호, 주소, 신체 정보, 재산 정보, 사회적 지위 등 개인을 식별할 수 있는 모든 정보를 말해.

　예를 들어, '김아무개'라는 아이가 있다면 이름만으로는 그 아이가 누구인지 알아내기 어려울 거야. 똑같은 이름을 가진 아이가 여러 명 있을 수 있으니까. 하지만 '어느 학교에 다니는 김아무개'라는 두 가지 정보가 있다면 누구인지 보다 쉽게 알아낼 수 있지. 거기에 생년월일까지 안다면 훨씬 쉬워지겠지? 이처럼 두 가지 이상의 정보를 합쳐서 그가 누구인지를 식별할 수 있다면 그 정보는 개인 정보에 속해.

우리가 어떤 사이트에 회원 가입을 할 때, 병원에서 진료를 볼 때, 학원에 등록하거나 학교에서 연락처와 집 주소를 제출할 때와 같은 상황에서 개인 정보 제공 동의를 하는 것도 개인 정보 보호법에 따라 반드시 필요한 절차를 밟는 것이지.

개인 정보가 유출되는 경우 본인도 모르는 곳에서 누군가가 자신의 정보를 사용할 수 있어. 대개 범죄에 악용되거나 나쁜 목적으로 사용되지. 보이스 피싱은 유출된 개인 정보를 악용하는 대표적인 예라 할 수 있어. 따라서 개인 정보 유출로 인한 피해를 예방하기 위해서는 다음과 같은 습관이 필요해.

- 회원 가입 시 개인 정보 이용 약관을 꼼꼼하게 살피기
- 포털 사이트나 은행 계좌 등의 비밀번호 주기적으로 변경하기
- 인터넷에서 아무 자료나 다운로드 받지 않기
- 출처가 확실하지 않은 이메일이나 문자는 열어 보지 않기
- 주민 등록 번호를 대신할 수 있는 가상 인증 번호 사용하기

그리고 가장 중요한 것은 개인 정보 유출이 얼마나 심각한 결과를 불러올 수 있는지 경각심을 갖고 나 자신부터 다른 사람의 개인 정보를 함부로 다루지 않는 것이란다.

일에 대한 존중

우리가 존중해야 할 것들 중에는 일에 대한 것도 있어. 정확히 말하자면, 일의 가치를 존중하는 것이지.

먼저 일의 종류를 생각해 볼까? 일반적으로 일을 한다고 하면 몸을 움직여 물건을 직접 만들거나 물건을 운송하거나 건물을 짓는 등의 육체노동을 흔히 생각해. 하지만 실제로 우리가 하는 노동에는 육체노동만 있는 것은 아니야. 직접 물건을 만드는 일에는 참여하지 않지만 그것들을 계획하거나 비용을 처리하거나 콘텐츠를 개발하는 등의 정신노동이 있지. 또 최근에는 고객을 응대하거나 접대하는 서비스를 제공하는 감정노동을 따로 분류하기도 해.

중요한 건 어떠한 종류의 노동을 하건 노동의 가치에 등급을 매길 수 없다는 거야. 모든 노동이 나름의 가치를 인정받고 존중받아야 하는 거지.

그런데 우리는 일에 대한 가치를 임금으로 평가하고 있어. 이렇게 잘못된 가치 평가로 인해 제대로 된 가치를 인정받지 못하는 일들이 존재하지. 공장이나 농장 등에서 터무니없이 낮은 임금을 받으면서 장시간 고된 노동을 하는 사람들의 경우가 특히 그렇단다.

　이처럼 노동자를 고용한 사람이 그 일에 대한 가치를 제대로 매기지 않으면 국가가 나서서 압력을 가하기도 해. 우리나라의 경우 최저 임금제와 주 52시간 근무제를 실시해서 고용주나 기업이 노동의 가치를 함부로 매기지 못하도록 하고 있어.

물론 이런 규제만으로 임금 격차 문제를 완전히 해결하는 건 현실적으로 힘들어. 그래서 이럴 때는 소비자들이 나서서 영향력을 행사하기도 하지. 보이콧*이나 바이콧** 형태로 말이야. 공정 무역 운동이 바이콧의 대표적인 예야. 공정 무역 운동이란 상대적으로 가난한 나라에서 부당하게 착취된 노동으로 생산된 상품을 소비하지 않겠다는 뜻을 밝히는 사회 운동인데, 조금 더 비싼 값을 치르더라도 윤리적인 소비를 하겠다는 결의를 실천하는 거지.

　일의 가치는 노동과 생산에서 나오는 것이 아니라 본디 사람에게서 나오는 거라 할 수 있어. 때문에 일하는 사람이 일의 가치를 행복에 둘 수 있도록 근무 환경을 조성하는 것이 중요하지. 청결한 일터, 편안한 휴식 공간 등의 물리적 환경뿐만이 아니라 개개인이 직장의 중요한 구성원으로 존중받는 심리적 환경이 조성될 수 있어야 해. 이를 위해서는 기업주나 고용주가 선심을 써서 사람들에게 일자리를 준 것이 아니라, 기업이나 회사가 운영되는 데 꼭 필요한 노동자를 모셔 왔다고 생각할 수 있어야 해.

* **보이콧** 특정한 제품을 사지 않기로 결의하여 그 생산자에게 압박을 가하는 운동
** **바이콧** 보이콧의 반대 개념으로, 윤리적인 생산자가 만드는 제품을 구매하는 운동

그러나 많은 기업주나 고용주들은 이를 실천하지 못하고 있는 게 사실이야. 직원에게 상습적으로 폭행을 일삼는 것도 모자라 이륙한 비행기마저 회항시킨 모 항공 일가의 갑질, 일방적인 해고 통보로 물의를 빚은 자동차 공장들, 정치적인 이유로 해직된 교사와 언론인 등 안타깝게도 우리 사회에는 아직도 노동자에게 부당한 대우를 하는 경우가 많아.

노동의 가치를 함부로 평가하지 않고 모든 일, 그리고 그 일에 종사하는 모든 사람을 귀하고 중요하게 여길 수 있어야만 이 땅의 모든 노동자가 존중받을 수 있다는 것을 기억해야 한단다.

나와 **다른 의견** 존중

　사람들은 똑같은 일을 경험하고도 어떤 일이 있었는지를 말할 때는 전혀 다른 일을 겪은 것처럼 말한다고 해. 그건 누군가가 거짓말을 해서가 아니라 모든 사람이 서로 다르게 느끼고 생각하기 때문이야.

　서로 다른 생각이 여론을 형성할 때는 마치 모세가 홍해를 가르듯, 하나의 나라가 둘로 갈린 것처럼 보이기도 해. 2017년에 대통령이 헌법에 위배되는 행위를 한 사실이 드러나자 한쪽은 대통령을 탄핵해야 한다며 촛불 집회를 열고 다른 한쪽은 대통령의 탄핵을 반대하며 태극기 집회를 열었던 것처럼 말이야.

　의견이 둘로 나뉘어 서로 대립하는 것은 어른들 사이에서만 일어나는 일은 아니야. 친한 친구와 의견이 달라 말다툼을 해 본 적이나, 같은 일을 경험했는데 친구는 나와 전혀 다른 일을 겪은 것처럼 말하는 걸 본 적이 한 번쯤 있었을 거야. 이런 상황에서 마음속으로는 내 이야기가 맞고 상대의 이야기는 틀렸

다고 생각할지도 몰라. 하지만 상대도 똑같이 느끼기 때문에 어떠한 결론도 얻을 수 없지. 이때 문제를 해결하는 방법은 옳고 그름을 구분하는 것이 아니라 합의에 이르도록 하는 거야.

합의에 도달하기 위해 가장 중요하게 고려해야 하는 것은 갈등이 가지는 장점을 인정하는 거야. 루이스 코저와 같은 사회학자들은 갈등이 사회 질서를 위협할 수도 있지만 오히려 사회 질서를 유지하는 데 기여할 수도 있고 새로운 창조의 원천이 될 수도 있다는 '갈등 이론'을 주장했어. 갈등이 없다면 새로운 변화도 없을 거라는 뜻이지.

겉보기에는 갈등 없이 모두가 하나의 의견을 가지는 것이 질서 있는 것처럼 보일지 모르지만 그 하나의 의견에 결함이 있다면 오히려 모두를 위험에 처하게 할 수 있어. 1978년 미국의 유나이티드 항공사의 비행기 추락 사건을 예로 들어 볼까? 당시 비행기 착륙 장치에 이상이 발견되자 모든 승무원들은 합심해서 착륙 장치에서 발생한 문제를 해결하려고 했어. 하지만 그때 그들은 다른 문제도 살펴봤었어야 했지. 사실 그 비행기는 연료 부족과 엔진 고장이 원인이 되어 추락하게 된 거거든. 만약 승무원 중 한 사람이라도 다른 원인을 살폈더라면, 그리고 그 의견에 귀를 기울였다면 이와 같은 대형 사고를 막을 수 있었을지도 몰라.

또한 경제학의 중요한 개념 중 하나인 '게임 이론'에 따르면, 의사 결정은 어느 한쪽의 일방적 주장과 선택에 의한 것이 아니라 상대와의 상호 작용을 통해 조정될 수 있는 것이라고 해. 축구 경기에서 공격수는 골키퍼를 앞에 두고 아무 데나 공을 차지 않아. 골키퍼가 어느 방향으로 몸을 날릴지를 예측하고 공을 차기 마련이지. 골키퍼도 마찬가지야. 어느 쪽으로 공이 날아올지 예측하고 몸을 날려. 이처럼 의사 결정도 반대편에 선 사람의 의견이나 주장에 따라 나의 주장이 더 나은 쪽으로 조정될 수 있다는 거야.

현명한 왕으로 잘 알려진 솔로몬의 재판을 한번 보자. 두 명의 여자가 한 아이를 두고 서로 자신이 진짜 엄마라고 주장하며 싸움을 벌여 왕국의 법정까지 오게 되었어. 솔로몬 왕은 그 아이를 반으로 잘라 두 여인에게 나누어 주라는 판결을 내렸지. 그러자 한 명은 그 판결에 수긍했고 다른 한 명은 아이를 죽이지 말고 상대편 여인에게 주라고 했어. 둘 중에 누가 진짜 엄마인 것 같니? 솔로몬 왕은 아이를 양보한 여인에게 아이를 주었어. 여기서 솔로몬 왕의 판결이 현명했던 이유는 게임 이론을 적용했기 때문이야. 상대가 자신의 말에 어떻게 반응할 것인지를 예측하고 그 반응에 따라 판결을 내리고자 했던 거지. 일방적으로 자신이 옳다고 생각하는 대로 판결을 내린 것이 아니라 상대의 말과 행동을 주의 깊게 고려한 거야.

사람들이 자신과 다른 의견을 무시하거나 수용하지 못하는 이유는 대개 그 의견이 자신의 의견을 반박하는 것이라고 생각하기 때문이야. 학교에서 모둠 활동으로 농산품의 생산지와 가격을 조사하기로 했다고 가정해 보자. 이때 네가, 학교에서 가까운 재래시장으로 조사를 가자는 의견을 냈고 대부분의 조원들이 동의해 주는 상황이었어. 그런데 한 친구가 "난 재래시장에 가는 것이 필요 없다고 생각해."라고 말한다면 순간적으로 '쟤가 나를 싫어하나?' 하는 생각이 들 거야. 하지만 그 친구의 반대 의견을 나에 대한 평가라고 생각하거나 삐딱한 생각으로 여기기보다는 모둠 활동을 하는 데 있어서 하나의 독립된 의견이라고 생각한다면 얼마든지 열린 마음으로 받아들일 수 있어. "그래? 왜 그렇게 생각하는데?"라고 물어보며 어떤 근거로 그런 주장을 하는지 더 들어 보는 거지. 너의 질문에 그 친구는, 비록 거리는 조금 멀지만 상품의 생산지와 가격을 비교하기 위해서는 상대적으로 정확한 표기가 되어 있는 마트로 가는 것이 낫다는 주장을 펼칠지도 몰라. 요즘은 재래시장도 생산지 표시가 잘 되어 있지만, 혹시라도 안 되어 있는 농산품이 있을 수 있으니 팀을 나누어 마트와 재래시장 모두를 조사하는 것이 좋겠다는 의견으로 발전시킬 수도 있게 되지.

 그래, 나와 다른 생각이나 반대 의견은 내가 미처 생각하지 못한 부분들을 생각할 수 있도록 도움을 줄 수 있어. 따라서 이렇게 좋은 점들을 생각해서 나와 다른 의견이라고 무조건 반박

하거나 무시하기보다는, 어떤 근거로 무엇을 주장하는지를 잘 들어 볼 필요가 있어. 그러기 위해서는 상대방의 입장이 되어 문제를 다시 바라볼 수 있는 마음의 여유가 필요해. 나와 다른 의견을 존중하는 것, 결국 이것이 나의 주장을 발전시킬 수 있는 자원이 되는 거야.

6. 다름을 환대하는 멋진 세상

존중의 실천, 환대·다름을 포함하는 더 큰 우리

존중의 실천, 환대

지금까지 우리는 다름을 차별하지 않고 존중하는 마음가짐에 대해 이야기를 나눠 봤어. 또 존중의 대상은 사람만이 아니라 지구상에 함께하는 모든 생명이어야 하며 그것이 결국 우리 자신을 존중하는 것으로 되돌아온다고 했어.

존중하는 마음을 배웠으니 이제 실천만이 남은 거야. 그러니 이제 이것을 어떻게 행동으로 실천할 수 있는지에 대해 이야기할 차례인 것 같구나. 존중을 실천하는 것으로 사랑, 보살핌, 배려 등 여러 가지를 말하지만 그것들을 구체적으로 실천하는 방법을 묻는다면 아마 대답하기 어려울 거야.

그래서 존중의 구체적 실천으로써 '환대'를 말해 주려고 해. 환대는 원래 주인이 손님을 따뜻하게 맞이하여 기쁘게 하는 행동을 말해. 우리의 옛 조상들은 사랑방을 만들어 집에 찾아온 손님이 편하게 묵고 갈 수 있도록 했어. 집에서 묵는 동안만이 아니라 떠날 때도 끼니를 챙겨 주고, 가는 동안에도 배가 고프지 않도록 정성껏 음식을 싸서 건네주었지. 이것이 바로 환대야.

　이렇게 손님을 환대하기 위해서는 먼저 문을 활짝 열어젖히고 손님을 맞이해야겠지? 그리고 음식이든 옷이든 손님에게 자신의 것을 기꺼이 내어 줄 수 있어야 해. 다름을 존중하는 것도 이와 같아. 우리가 마주하게 되는 '다름'을 손님이라고 생각하고 기쁘게 맞이하고 후하게 대접하는 것이지.

　독일의 철학자 이마누엘 칸트는 이방인을 자기 땅에 맞아들이는 자의 의무이자, 누구든 낯선 땅에서 적대적으로 대우받지 않을 권리를 환대라고 보았어. 하지만 이렇게 환대가 일종의 권리로 취급되면 둘 사이에 경계가 생기게 돼. 주인은 이방인을 적대시해서는 안 되고 이방인은 주인의 땅에서 일어나는 문제에 간섭할 수 없는데, 언뜻 보면 매우 공평하고 정의로운 것처럼 보이지만 주인은 주인의 자리에서, 이방인은 손님의 자리에서 서로 섞이지 못한 채 의무와 권리만을 강요하게 되는 거야.

　반면, 프랑스의 철학자 자크 데리다는 무조건적인 환대를 주장했지. 권리나 의무에 따른 환대가 아닌 주인과 손님의 경계를 허문 환대를 주장한 거야. 주인은 다름을 가진 손님을 맞아 그에게 내 집의 자리를 제공하지만 그 어떤 대가도 요구하지 않는 거야.

　서양 사상의 이러한 차이는 동양 사상에서도 비슷하게 나타나. 공자는 사람과 사람 사이에 지켜야 하는 예절로서 환대를 이야기한다면 노자는 아무런 조건 없이 자연스럽게 행하는 환대를 강조하지.

　데리다와 노자가 주장했던 무조건적인 환대는 부모가 자식에게 주는 사랑과도 같아. 보상을 바라지 않고 아무런 조건 없이 베푸는 무조건적인 긍정적 사랑이지. 다른 사람이나 대상을 존중하는 것이 결국 자신을 존중하는 것과 같은 거라 했었지? 하지만 데리다나 노자가 주장하는 환대는 이러한 계산이나 기대조차도 하지 않는 마음을 뜻해. 우리가 낯설다고 느끼는 다른 이를 환대해야 하는 이유가 우리도 다른 곳에서는 낯선 이가 될 수 있기 때문이라거나 훗날 우리에게 돌아올 대가 때문이라면 그저 보편적이고 동등한 관계 속에서 환대를 실천하는 것이 될 수 있어. 하지만 경계를 허무는 적극적인 환대가 이루어진다면 권리와 의무를 넘어선 새로운 어울림과 변화가 생기게 돼.

　다른 사람에게 자리를 내어 주고 대접하며 경계를 허물 때, 그것은 다른 사람을 돕는 것에서만 그치지 않아. 내 스스로의

환대는 주인의 의무이자 손님의 권리이지!

얘기하지 않았나? 환대는 예절이라고.

저는 조금 다르게 생각합니다. 주인과 손님의 경계가 허물어져야 진정한 환대가 아닐까요?

그렇지! 환대는 부모의 조건 없는 사랑과 같은 거라네.

경계를 넘어설 수 있게 해 주지.

　인간 중심적인 좁은 시각으로 보았을 때는 지금 자신이 터 잡고 있는 자리가 자신의 소유라고 생각할 수 있어. 하지만 앞서 이야기했듯이 긴 시간을 거쳐 온 지구의 넓은 시각으로 보면 자리가 있고 없고를 구분하는 것 자체가 무의미해지지. 애초에 누구의 자리도 없었던 거야. 환대를 통해 이런 깨달음까지도 얻을 수 있단다.

　난민을 받아들이는 경우를 예로 들어 볼까? 환대는 목숨을 걸고 우리에게 찾아온 난민들을 불쌍히 여겨 단순히 먹을 것과 머물 곳을 제공하는 것과는 달라. 그런 도움은 난민을 다름을 가진 타인으로 여기고 불쌍한 사람들에 대한 인도주의˚적 책임을 다하는 행동일 뿐이야. 진정한 환대는 난민들에게 우리의 자리를 기꺼이 내어 주어 난민들이 우리 사이에 섞여 우리와 동등한 구성원으로서 살 수 있도록 받아들이는 거야. 이렇게 환대를 실천할 때 실제로 도움을 받는 것은 우리라는 거지. 우리 스스로의 한계를 넘어서 더 큰 것을 품을 수 있게 되는 거니까 말이야.

● **인도주의** 인종, 민족, 국가, 종교 등의 차이를 초월하여 인간의 존엄성을 최고의 가치로 여기고, 그 가치를 실현하려는 사상이나 태도

사회적인 집단이나 개인 간의 관계에서도, 사람과 동물 또는 사람과 자연 환경의 관계에서도 낯선 손님과 손님을 맞이하는 주인으로 나누어 볼 수 있으니 환대는 언제 어디에서나 이루어질 수 있는 존중의 실천이란다.

다름을 포함하는 더 큰 우리

다름을 존중하는 것이란, 다름을 구분하고 같은 것만을 받아들이는 마음의 울타리를 허물어 우리 안에 모두를 담는 것, 나와 다른 것을 기쁘게 맞이하여 내 것을 내어 주고 환대하는 것, 무조건적인 사랑을 주는 거야. 배려와는 다르지.

다름을 존중하고 환대를 실천할 때 우리는 전에 미처 몰랐던 중요한 것들을 깨달을 수 있어. 환대가 필요한 때는 평화로울 때보다는 위기감과 갈등이 커질 때라 환대의 실천이 어려울 수 있어. 하지만 실천의 성과는 매우 크단다. 우리를 더 큰 하나로 뭉칠 수 있게 해 주거든.

고구려의 광개토 대왕과 신라의 진흥왕은 정벌로 영토를 넓혔을 때 정벌 지역의 백성들에게 관직을 주고 농사를 지을 수 있도록 토지를 주면서 그들을 흡수하고자 노력했다고 해. 백성들을 서로 분리하고 배제시키는 것보다 하나로 모으는 것이 더 큰 힘을 발휘할 수 있다는 것을 알았던 거지. 어때, 현명하지 않니?

오늘날에는 하나가 되고자 하는 사람들의 노력이 국가 간 협력으로 많이 이루어지고 있단다. 차별에서 벗어나 모두를 위한 지구촌을 만들고자 유엔과 같은 국제기구를 설립하고 많은 나라가 다양한 국제 협약을 맺고 있어. 또 국가와 인종, 성별, 연령과 관계없이 전 인류의 인권을 보호하기 위한 〈세계 인권 선언〉을 선포하기도 했지. 더 나아가, 우리를 더 큰 우리로 만들기 위해 다양한 비정부 기구(NGO)들도 활동을 이어가고 있어. 비정부 기구는 한 지역이나 하나의 국가만을 위해 움직이는 것이 아니라 국경을 넘어서 지구촌 전체를 위한 문제들을 해결하기 위해 조직된 단체인 만큼 서로서로 합심하여 적극적으로 힘을 모으고 있단다. 국경없는의사회, 유니세프, 월드비전, 그린피스 외에도 다양한 환경 단체와 동물 보호 단체들이 연대하여 모두를 위한 존중을 실천하고 있어.

그렇다고 우리의 실천이 꼭 어떤 공인된 단체에 소속되어야만 가능한 것은 아니야. 내가 살고 있는 지역에서, 내가 다니고 있는 학교에서, 내가 함께 어울리는 친구들 사이에서도 얼마든지 존중을 실천할 수 있단다.

이 사건을 한번 주목해 보렴. 지난 2007년에 기름을 실은 배와 바다에 떠 있던 크레인선이 충돌해 태안 앞바다에 기름이 유출된 사고가 일어났어. 사상 초유의 해양 오염 사고로, 약 1만 2천 킬로리터나 되는 어마어마한 양의 기름이 유출됐지. 얼마나 많은 양인지 가늠이 되니? 태안은 충청남도에 위치하고 있는데 이곳에 유출된 기름이 제주도의 추자도라는 섬까지 퍼질 정도로 엄청난 양이었단다. 그런데 그 위기 상황에서 더 엄청난 힘을 발휘한 이들이 누군 줄 알고 있니? 바로 이 사건과 전혀 상관없는 평범한 사람들이었어. 사고를 낸 기업이 책임을 회피하고, 정부가 늑장을 부리고, 언론이 편향된 보도를 하는 동안 수많은 사람들이 자원봉사를 하러 태안을 찾았지. 휴가를 낸 직장인, 학생, 가족과 함께 온 어린이들이 나서서 해안에 낀 기름때를 닦았어. 이때 태안을 찾은 자원봉사자만 123만 명에 이른다고 해. 그러니까 이 많은 사람들이 모두 자연 환경을 지키는 일에 기꺼이 자신의 시간을 내어 준 거지.

또 다른 예를 들어 볼까? 2014년 세월호 참사가 발생했을 때 무리한 화물 적재와 증축, 일부 선원들의 무책임함, 초동 대처 실패로 인한 뒤늦은 구조 작업 등의 문제점이 드러나면서 피해 가족들은 물론 온 국민이 실망과 슬픔에 빠졌어.

하지만 이때에도 많은 사람이 희생자와 유가족들을 위로하며 함께해 주었어. 전국 각지에서 노란 리본을 단 분향소가 설치되었고 희생자와 유가족들에게 위로를 전하는 사람들이 줄을 이었어. 5년여 동안을 세월호 특별법 제정을 촉구하며 유가족들과 함께 싸워 온 사람들도 있었지. 이렇게 많은 사람들이 아픔을 나눌 수 있는 마음을 내어 준 거야.

코로나19 바이러스 확산 사태에서도 존중이 얼마나 중요한지 알 수 있었어. 코로나19 사태 초기에 중국 후베이성 우한시에 거주하고 있던 한국 교민들을 국내로 입국시켜 안전하게 보호하고 치료하기로 결정했을 때, 교민들을 수용하기로 한 지역의 주민들이 거세게 반발했었어. 처음에는 지역 주민들의 안전 문제를 내세우며 길을 막고 시위를 했었지. 그런데 며칠 후, 지역 주민들은 입장을 바꿔 우한 교민들이 들어오는 것을 허락했어. 또한 격리 시설 입구에 환영의 뜻과 쾌유를 기원하는 문구가 적힌 플래카드를 붙이고 교민들을 격려했지. 이후, 그 격리 시설에서 완치되어 퇴소한 교민들은 자신들을 따뜻하게 맞아 주었던 지역 주민들과 관리자들에게 감사하는 메시지를 전했어. 그 지역 주민들은 위험한 상황에서도 용기 내어 위기에 처한 사람을 위해 선뜻 자리를 내어 준 거야.

반면, 확진자들을 욕하고 정부를 무분별하게 비난하는 목소리들은 이 사태를 해결하는 데 큰 도움을 주지 못했어. 또한 타지에서 온 사람들에게 돌아가라며 등 떠미는 사람들은, 동양인들을 향해 바이러스를 퍼뜨린다고 조롱하며 이유 없는 폭력을 행사하는 일부 몰지각한 사람들과 다를 게 없었단다.

 우리는 언제나 어려운 상황에 처한 친구들에게 기꺼이 우리의 것을 내어 줄 수 있어야 해. 따뜻하게 손잡아 주는 것, 위로의 말을 건네는 것, 곁에 있어 주는 것, 이 모든 것들이 존중을 실천하는 거니까 말이야.

 "어둠으로 어둠을 몰아낼 수는 없습니다. 오직 빛으로만 할

수 있습니다. 증오로 증오를 몰아낼 수는 없습니다. 오직 사랑만이 그것을 할 수 있습니다."

 '나에게는 꿈이 있습니다(I have a dream)'라는 연설로 유명한 인권 운동가 마틴 루터 킹 목사가 남긴 말이야. 이 말을 통해 그가 부당한 인종 차별에도 왜 비폭력 운동을 고수했는지 이해할 수 있어. 우리가 원하는 세상을 만드는 건 오직 사랑만이 할 수 있기 때문이지.

 다른 사람들을 위해 기꺼이 자신의 것을 내어 주고 어려움

에 처한 사람들을 위해 한걸음에 달려가 자신의 시간과 노력을 들이는 데 그 어떤 조건도 내세우지 않는 사람들이 있어.

너무나 다행인 건, 과거에도 그랬고 지금도 마찬가지로 우리 중에는 낯선 타인을 사랑으로 환대할 수 있는 이런 사람들이 훨씬 많다는 거야. 그래서 우리는 그토록 수없이 찾아왔던 어려운 위기들을 슬기롭게 극복할 수 있었고 더 큰 우리로 함께할 수 있었던 거야.

나쁜 일들은 앞으로도 언제든 생길 수 있어. 이전처럼 서로를 차별하는 일을 멈추지 않아 갈등이 생기고, 싸움을 일으키고, 환경을 파괴하고, 각종 재난과 사건 사고가 끊이지 않을 수도 있지.

하지만 무슨 일이 있어도 이것만은 반드시 기억하자. 존중은 세상을 바꾸는 힘을 가지고 있으며 우리에겐 모두를 존중할 수 있는 사랑이 있어. 우리를 조건 없이 품어 온 지구처럼 생각하고 행동할 수 있다면, 우리는 결코 더 나은 세상에 대한 희망을 잃지 않을 거야.